BERLAIMONT

Projet du bureau principal
et de la salle des cartes.
Ech. 0.02/100   Le 3.11.1959.

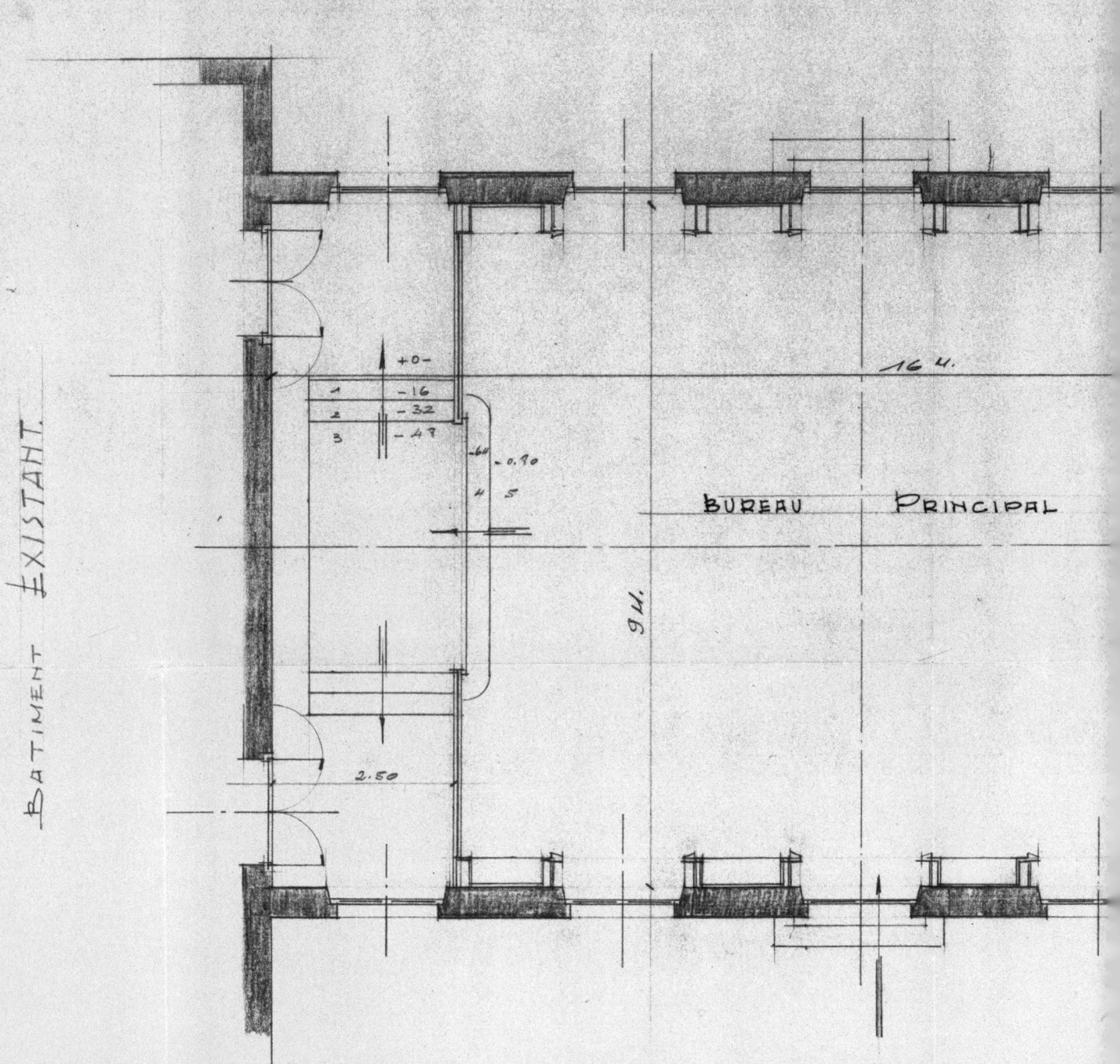

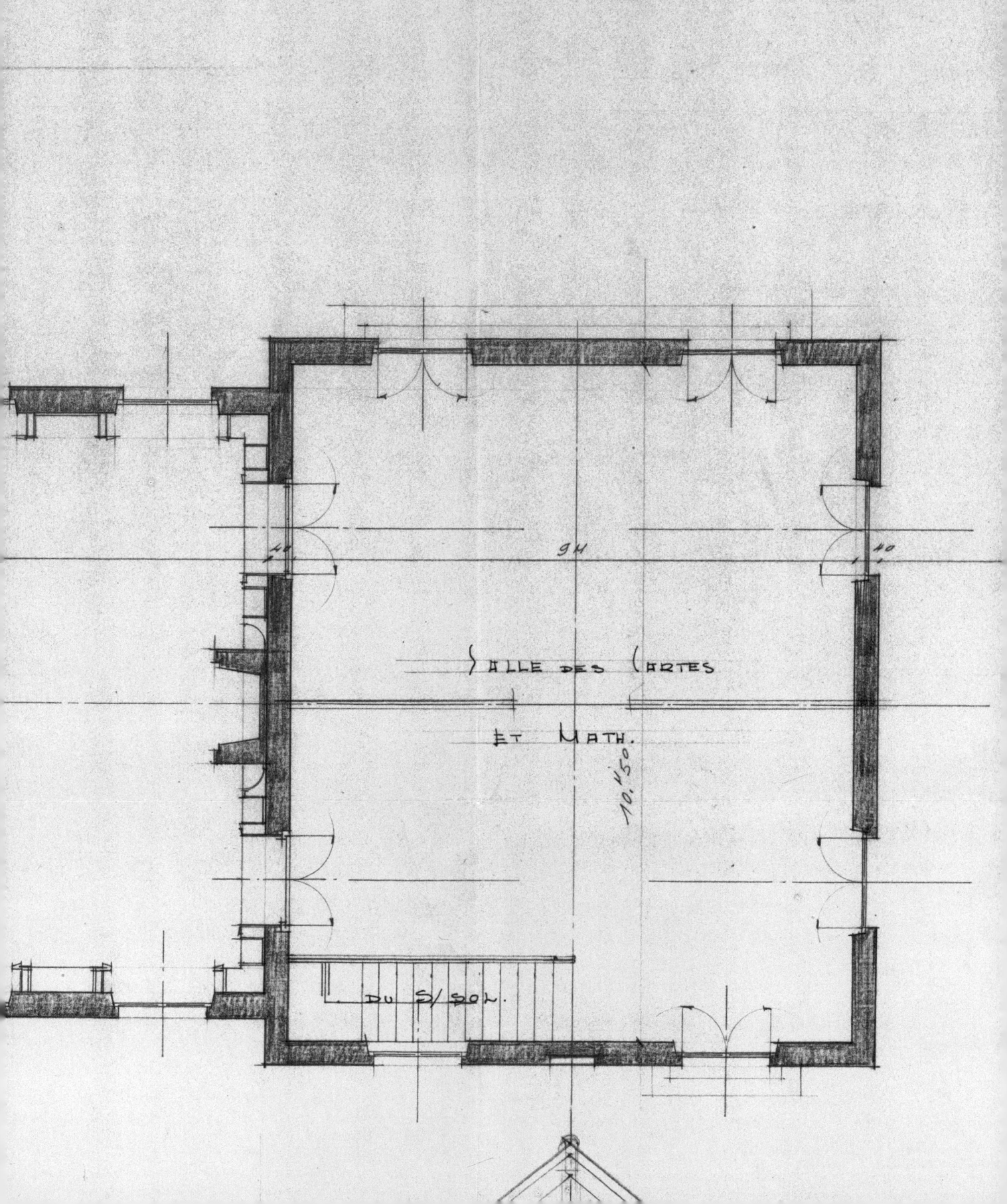

Pages précédentes et dernières pages :
PLANS DE L'EXTENSION DE L'AILE OUEST DU CHÂTEAU.
Plan et élévation effectués en 1959 par le Ministère des Travaux publics
pour la construction de l'extension de l'aile ouest du château d'Argenteuil,
destinée à la grande bibliothèque et à la « salle des cartes ».
Curieusement, ce plan, comme ceux qui furent réalisés à la même époque pour les travaux d'aménagement du château,
porte le nom de « Berlaimont » au lieu de celui d'« Argenteuil ».
S'agit-il d'une erreur ou fallait-il intentionnellement garder secret le lieu précis des aménagements ?

Alexandre de Belgique

Argenteuil
De la résidence d'un diplomate au domaine royal

© 2005 Alice Éditions, Bruxelles.
alice.editions@swing.be
ISBN 2-87426-018-5
EAN 9782874260186
Dépôt légal : D/2005/7641/2
Mise en page : MGR.
Imprimé dans l'Union européenne.

Toute reproduction d'un extrait quelconque de ce livre,
par quelque procédé que ce soit, et notamment
par photocopie, microfilm ou support numérique
ou digital, est strictement interdite.

L'auteur et l'éditeur remercient tous ceux qui ont accepté de leur accorder l'autorisation de publier dans le présent ouvrage les œuvres dont ils détiennent les droits de reproduction. Dans la mesure où ils ont pu être identifiés, les noms ou dénominations des ayants droit des œuvres reproduites à titre d'enseignement, d'illustration ou de comparaison sont repris dans la nomenclature systématique qui suit. Il en reste quelques-uns que l'auteur ou l'éditeur n'a pas réussi à joindre, en dépit de leurs recherches et sollicitations ; qu'ils soient avertis ici qu'ils restent à leur disposition pour satisfaire, le cas échéant, à la législation sur le droit d'auteur. Toutes les illustrations de cet ouvrage font partie de la collection privée de la famille, à l'exception des photos présentées avec l'aimable autorisation de l'Agence Belga (*p. 46*) ; du Comité d'acquisition de Bruxelles I [SPF Finances] (*pp. 22 à 31 et 39 bas*) ; de M. et Mme Ulfa et Paul Binet (*p. 119*) ; de Paris Match (*pp. 70-71*) ; de la Régie des Bâtiments [SPF Finances] (*pp. 57 haut, 80 haut, 87 haut et 89*) ; de Sotheby's (*couverture et pp. 7, 53, 54-55 bas, 57 bas, 60-61, 67-69, 81bas, 82-83, 85, 87 bas, 91-103 et 123*) ; de Van Parys Media (*pp. 44-45 et 112-113*) ; des professeurs Panier (*pp. 118-122*) et M. Verwilghen (*pp. 48-49 et 105*) ; ainsi que des photos prises jadis par la famille Tuck (*pp. 34, 36-37, 38 haut, 54-55 haut, 56, 62, 76 haut, 86 et 88*), par ESC-RECCE (*p. 52*), par le Landesbildstelle Salzburg (*p. 42 haut*), par C. Niestadt (*pp. 41, 58 et 84*), par le Studio Verhassel (*p. 80 bas*) et par T. van Thillo (*couverture et pp. 14-15, 19, 42 bas, 43, 59, 64-65, 72-75, 77-79 et 106-109*). © Reproduction interdite pour l'ensemble des illustrations.

ALEXANDRE DE BELGIQUE

Argenteuil

De la résidence d'un diplomate au domaine royal

REMERCIEMENTS

Je dois une infinie gratitude à Léa, mon épouse. Son goût et son sens de l'esthétique ont été déterminants dans l'élaboration de cet album de souvenirs.

Mes remerciements au professeur Michel Verwilghen, qui fut durant plus de quinze ans très proche de ma mère et qui nous aida en de nombreuses circonstances. Son jugement très sûr, sa connaissance de notre maison et sa grande honnêteté intellectuelle font de moi son débiteur admiratif.

Quant à Jeannine Degrève, fidèle entre les fidèles, qui vécut aux côtés de ma mère durant de longues années, sa mémoire a survolé ces souvenirs photographiques avec une précision jamais prise en défaut.

Alexandre de Belgique

Mes parents et leurs trois enfants ont vécu au domaine d'Argenteuil bien des années heureuses.

Le roi Léopold, conscient du caractère provisoire du « bail » qui le liait à l'État, avait, à la fin des années 1970, voulu consolider ce contrat et prolonger le séjour de sa famille à Argenteuil au-delà de son décès et de celui de la princesse Lilian. Il se heurta à un refus du gouvernement. Il put, du moins, obtenir la promesse écrite que ma mère pourrait y demeurer sa vie durant.

La princesse Lilian voulut à son tour garantir la jouissance du domaine à ceux de ses enfants qui le souhaiteraient. Cela semblait possible si le statut du domaine d'Argenteuil était modifié. Il suffisait que l'État, par un jeu d'écriture, en fasse un domaine de la Donation royale. Mais cette proposition ne rencontra pas l'accord des autorités fédérales.

Ma mère eut une dernière idée : créer une fondation dont la destination serait de commémorer le souvenir du roi Léopold, non pas le souvenir du chef de l'État, mais celui de l'homme libre, passionné de sciences et de voyages. Ce mémorial devait se situer à Argenteuil et comprendre principalement le grand bureau, la pièce contiguë dite « salle des cartes », témoin d'expéditions lointaines, et la salle de projection, riche d'innombrables photos et diapositives répertoriées avec soin. Ma mère avait aussi souhaité que la partie habitable du manoir demeure accessible à des rencontres à caractère culturel ou scientifique.

À son décès, mes sœurs et moi-même avons appris l'existence de la « Fondation Argenteuil », gérée par trois administrateurs appelés à faire respecter la volonté testamentaire de notre mère. Jusqu'à ce jour, cette fondation n'a pas obtenu des autorités fédérales la moindre parcelle d'espoir de faire en sorte que persiste, comme en dernier écho, un moment privilégié du souvenir collectif.

En attendant ce mémorial, ce livre représente, à mes yeux, un devoir de mémoire.

*Alexandre Emmanuel
de Belgique*

Sommaire

Avant-propos	9
Repères historiques	13
Côté jardin *Le domaine :* *atours et alentours*	19
Côté cour *La gentilhommière,* *ses lieux et ses hôtes*	51
Côté cœur *Ultimes visions d'un domaine* *désormais mythique*	115

LE CHÂTEAU DU DOMAINE D'ARGENTEUIL AU PRINTEMPS.
Vue de la façade sud, prise par le roi Léopold le 10 mai 1962.
En vrai professionnel, le roi a consigné, au verso de la photo, les données techniques
de prise de vue : « [Appareil] Aéro Technika, [objectif] Planar 3,5/135 mm (normal),
[film] Ektacolor 32 ASA, [ouverture] 22, [vitesse] 50ʳ. »

~ 1935　　　　　　　　　　~ 1965　　　　　　　　　　2003

Repères historiques

Le domaine royal d'Argenteuil a un riche passé, qu'un historien — n'en doutons pas — dévoilera un jour. Le présent livre n'a pas pour objet de narrer l'histoire du domaine. Toutefois, il paraît indispensable de livrer au lecteur, dès le début de cet ouvrage, quelques repères historiques qui lui permettront de mieux situer, dans le temps et l'histoire du domaine, les photographies reproduites dans les pages suivantes et, dès lors, d'en apprécier davantage la teneur.

Suivons donc le guide de la chronologie…

1771-1778 Le comte de Ferraris dessine une carte des Pays-Bas autrichiens, où figure la forêt de Soignes, située au sud de Bruxelles. Un ruisseau dénommé *Silverbeek* (« rivière d'Argent ») y est présenté. Par contre, le lieu-dit « Argenteuil » n'existe pas encore.

1815 Après la défaite de l'empereur Napoléon à Waterloo, le Congrès de Vienne décide le rattachement aux Pays-Bas des « Départements du Nord » de la France, c'est-à-dire, approximativement, la Belgique actuelle. Le roi Guillaume Ier, roi des Pays-Bas et grand-duc de Luxembourg (1772-1843), se voit octroyer plusieurs domaines situés sur ce territoire, parmi lesquels la forêt de Soignes.

1822 Par décision du roi Guillaume Ier, cette forêt est intégrée dans le capital de la Société générale des Pays-Bas.

1831 Après la proclamation de l'indépendance de la Belgique, cette société, qui a pris le nom de Société générale de Belgique, vend à des particuliers plus de la moitié de ses terres situées dans la forêt de Soignes. Le gouverneur de cette société, Ferdinand Meeûs, acquiert lui-même une vaste propriété baignée par la *Silverbeek* et située essentiellement sur le territoire de la commune d'Ohain.

1836 Anobli par Léopold Ier, roi des Belges, Ferdinand Meeûs devient comte de Meeûs.

1856-1858 Le comte fait ériger sur ses terres, à l'extrémité nord d'Ohain, un château prestigieux destiné à remplacer le sien, détruit par un incendie.

1871 Au décès de la veuve du comte Ferdinand de Meeûs, le vaste domaine est attribué au dixième enfant du couple, la comtesse Henriette de Meeûs, laquelle ne se mariera pas.

1906 Mort de la comtesse Henriette de Meeûs. Sa propriété de plus de 785 hectares passe dans le patrimoine de son neveu, le comte Louis de Meeûs.

1929 Les deux fils de Louis de Meeûs, qui ont hérité du domaine, décident de le vendre pour éviter de devoir supporter les frais d'entretien. La grande propriété de la famille est morcelée et répartie entre plusieurs acquéreurs. L'un des principaux d'entre eux est l'ambassadeur

des États-Unis d'Amérique en Belgique, William Hallam Tuck, marié à une Anversoise, Hilda Bunge. Il achète une parcelle d'environ 145 hectares.

1930-1939 L'ambassadeur Tuck confie à un architecte new-yorkais la mission de dessiner les plans d'une gentilhommière dont il désire faire sa demeure. Les travaux de construction sont entrepris dès le début des années 1930. Puis, le couple Tuck-Bunge s'installe dans cette demeure et il y vivra jusqu'à la veille de la seconde guerre mondiale.

1940-1944 Le « château Tuck » est occupé par l'armée allemande.

1945-1949 Après la fin des hostilités, l'ancien ambassadeur ne l'habite plus régulièrement ; il désire s'en défaire.

1er juin 1949 Le gouverneur de la province du Brabant constate, par acte reçu ce jour-là, l'acquisition du domaine d'Argenteuil par l'État belge. Pendant deux ans, le château, cédé à la Société nationale des chemins de fer belges, sert de maison de repos à des cheminots méritants.

14 juillet 1951 Baudouin, prince royal, exerçant les pouvoirs constitutionnels du roi, promulgue et sanctionne une loi attribuant une dotation au prince Charles de Belgique. Cette dotation comprend la mise à la disposition de l'ancien régent du royaume de la partie du domaine d'Argenteuil située sur le territoire des communes de La Hulpe, Ohain et Waterloo, d'une superficie totale de 143 ha 59 a 11 ca, acquise par l'État belge aux termes de l'acte du 1er juin 1949. Cette loi s'applique avec un effet rétroactif à la date du 22 juillet 1950.

1952 Le prince Charles fait savoir au gouvernement belge qu'il renonce à la jouissance du domaine d'Argenteuil. L'usage de la propriété est rétrocédé à la Société nationale des chemins de fer belges.

1958 Après divers travaux d'aménagement, le château est mis à la disposition d'hôtes de marque de la Belgique, notamment ceux qui viennent visiter l'Exposition universelle. Par la suite, des réceptions de prestige y seront organisées en l'honneur de personnalités des institutions européennes nouvellement créées. Le gouvernement belge y tiendra quelques réunions.

26 mai 1959 Un communiqué de presse émanant du premier ministre du gouvernement belge, Gaston Eyskens, signale que « *Sa Majesté le Roi Léopold a fait connaître au gouvernement son désir d'établir sa résidence en dehors du domaine royal de Laeken* ».

28 août 1959 Après diverses négociations entre le gouvernement belge et le roi Léopold III, le conseil des ministres décide de mettre le domaine d'Argenteuil à la disposition du roi Léopold et de sa famille et d'y effectuer divers travaux d'aménagement. Ces derniers ne débuteront effectivement que dix mois plus tard.

Décembre 1960 Au lendemain du mariage du roi Baudouin Ier et de doña Fabiola de Mora y Aragon, commence le déménagement des meubles du château de Laeken vers celui d'Argenteuil, en vue de l'installation du roi Léopold et de sa famille. Ce déménagement sera à l'origine de rumeurs malveillantes, qui persistent aujourd'hui.

Début 1961 Le roi Léopold et son épouse prennent possession du domaine d'Argenteuil. Ils y resteront jusqu'à leur décès respectif (1983 et 2002). Leurs deux filles, les princesses Marie-Christine et Esmeralda, habiteront au château jusqu'à la fin de leurs études. Le prince Alexandre y aura son appartement et séjournera régulièrement à Argenteuil jusqu'au moment du décès de sa mère.

7 juillet 1977 Le gouvernement belge, présidé par Leo Tindemans, premier ministre, annonce au roi Léopold III qu'il « *met à la disposition de Votre Majesté et à celle de la Princesse Lilian, leur vie durant, le château et la partie du domaine d'Argenteuil située sur le territoire des communes de La Hulpe, Ohain et Waterloo. Au décès de Votre Majesté, le Gouvernement prendra les initiatives appropriées pour garantir dans toute la mesure nécessaire les conditions d'existence de la famille de Votre Majesté* ».

25 septembre 1983 Décès du roi Léopold III, aux cliniques universitaires Saint-Luc, à Woluwe Saint-Lambert. Conformément à la décision gouvernementale du 7 juillet 1977, la princesse Lilian continue à vivre au domaine royal d'Argenteuil après ce décès.

7 juin 2002 Décès de la princesse Lilian, dans sa chambre du domaine royal d'Argenteuil.

6 septembre 2002 Par lettre, le premier ministre du gouvernement belge, Guy Verhofstadt, fait savoir aux héritiers de la défunte que l'État belge reprend la jouissance du domaine d'Argenteuil et que le ministère des Finances est chargé d'assurer le transfert au château de Laeken des meubles appartenant à l'État. Cette lettre ne fixe pas de date limite pour le départ effectif des héritiers.

Fin octobre 2002 La Régie des bâtiments du ministère des Finances donne aux héritiers l'ordre de quitter définitivement les lieux au plus tard le 31 décembre 2002. Cette date sera reportée trois fois, de mois en mois.

28 mars 2003 Fin du déménagement et départ définitif du domaine d'Argenteuil de la branche de la famille royale qui y avait vécu pendant plus de quarante-deux ans.

4 avril 2003 Le gouvernement belge fait connaître son intention de fixer au domaine d'Argenteuil le siège d'une « *Fondation Patrimoine fédéral* ».

27 novembre 2003 Le ministre des Finances du gouvernement belge, Didier Reynders, annonce que le domaine d'Argenteuil sera mis en vente publique.

Juillet 2004 Des annonces paraissent dans la presse pour annoncer la vente du domaine d'Argenteuil. Un fascicule officiel de présentation des conditions de la vente et de description du bien (photographies à l'appui), réalisé par l'administration des Finances, est vendu aux personnes intéressées.

24 novembre 2004 Après diverses ultimes péripéties destinées à l'empêcher, la vente du domaine a lieu à Bruxelles. Le domaine est acheté à l'initiative de Jean-Marie Delwart, ancien président de La Floridienne, dans l'intention d'y développer des recherches en éthologie.

Côté jardin

Le domaine : atours et alentours

LA GRILLE D'ENTRÉE DU DOMAINE ROYAL.
Surmontés d'une couronne, deux L entrelacés :
les monogrammes de Léopold et Lilian,
évocateurs de leur destinée commune, y ont été forgés à leur demande.
Cette grille, toujours ouverte, n'est pas celle de l'enceinte du domaine,
où se situait un corps de garde contrôlant l'entrée.

VUES AERIENNES DU DOMAINE D'ARGENTEUIL EN 1960.
Ci-dessus : à l'horizon, la partie méridionale de la forêt de Soignes et la commune de La Hulpe ;
au centre, le domaine (*entouré d'un trait*) ; au milieu, un établissement scolaire,
devenu la Scandinavian School en 1990, comprenant l'ancien château d'Argenteuil
érigé entre 1856 et 1858 par l'architecte J.-P. Cluysenaar
à la demande de Ferdinand de Meeûs, gouverneur de la Société générale de Belgique.
Page de droite : le domaine (*entouré d'un trait*) ; au milieu, à sa droite, l'ancien château d'Argenteuil ;
au premier plan, la Chapelle musicale Reine-Élisabeth (à droite)
et, traversant la photo (en bas), la chaussée de Tervueren, devenue le ring est de Bruxelles.

VUES AERIENNES DU DOMAINE ROYAL D'ARGENTEUIL, AVEC SON CHÂTEAU,
prises du sud (*en haut et pages 24-25*) et de l'ouest (*en bas*) en 2004.

VUES AERIENNES DU DOMAINE ROYAL D'ARGENTEUIL, AVEC SON CHÂTEAU,
prises de l'est (*en haut*) et du nord (*en bas*) en 2004.

DANS LE PARC DU DOMAINE, LE GRAND ÉTANG.
Vue aérienne et brumes matinales, en 2004.

LA CHUTE D'EAU SUR LA RIVIÈRE D'ARGENT,
qui alimente les étangs.

LE PARC DU DOMAINE.
Mangeoires du gibier et chemin menant au « cloître ».

LA GRANDE SERRE, PRÈS DU POTAGER,
ET UNE PARTIE DU JARDIN FRANÇAIS, AVEC SON LABYRINTHE.

LA FAÇADE NORD DU CHÂTEAU, EN 2004.
Ci-dessus : l'accès au château s'effectue par une allée de hêtres qui débouche sur une esplanade.
La vigne vierge qui ornait les murs a été enlevée après le décès de la princesse Lilian.
Ci-dessous : le labyrinthe d'un des jardins français et les dépendances
(bureaux, garages, salles de réunion, chambres d'hôtes).

LA FAÇADE SUD DU CHÂTEAU, EN 2004.
Divers aménagements ont été apportés au château en 1960, avant que ne l'occupent le roi Léopold et sa famille.
Le grand salon central a été prolongé par une large loggia hémisphérique.
La bibliothèque et le bureau du roi ont été construits dans le prolongement de l'aile ouest,
à la place d'une terrasse couverte à colonnade, de style colonial.
Une salle à manger et de réception a été érigée dans le prolongement de l'aile est.
La glycine, dont les boutures venaient de Laeken, fut plantée en 1961 et arrachée en 2003,
quelques mois avant la prise de cette photo.

Double page suivante :
LA GRANDE BALUSTRADE SÉPARANT LE CHÂTEAU ET LE PARC.
Photographie prise par le roi Léopold en avril 1980, avec son appareil Veriwide 100, sur film 400 ASA.
Au verso du cliché, le roi avait écrit :
« Léger vignettage dû au filtre jaune (film périmé depuis 1977). »
En comparant cette vue à celle de la terrasse couverte (voir pages 36-37),
on observe le recul de la surface boisée par rapport au temps de l'ambassadeur Tuck.

FAÇADES NORD ET NORD-OUEST DU CHÂTEAU.
À gauche : l'état des lieux à l'époque de l'ambassadeur Tuck,
avec le jardin français au premier plan,
dont le mur arrière est celui de la terrasse de style colonial
que remplaceront la bibliothèque et le bureau du roi.
Ci-dessus : une vue récente du château,
dont la porte d'entrée est ouverte, prise au tout début du printemps.

Double page suivante :
LA TERRASSE COUVERTE, À COLONNADE, DONNANT SUR L'ARRIÈRE DU CHÂTEAU.
Cette terrasse construite au temps de l'ambassadeur Tuck cédera la place,
en 1960, aux extensions souhaitées par le roi Léopold :
la grande bibliothèque, le bureau (dénommé aussi « salle des cartes »),
et, en sous-sol, une salle de projection et de conservation d'archives.

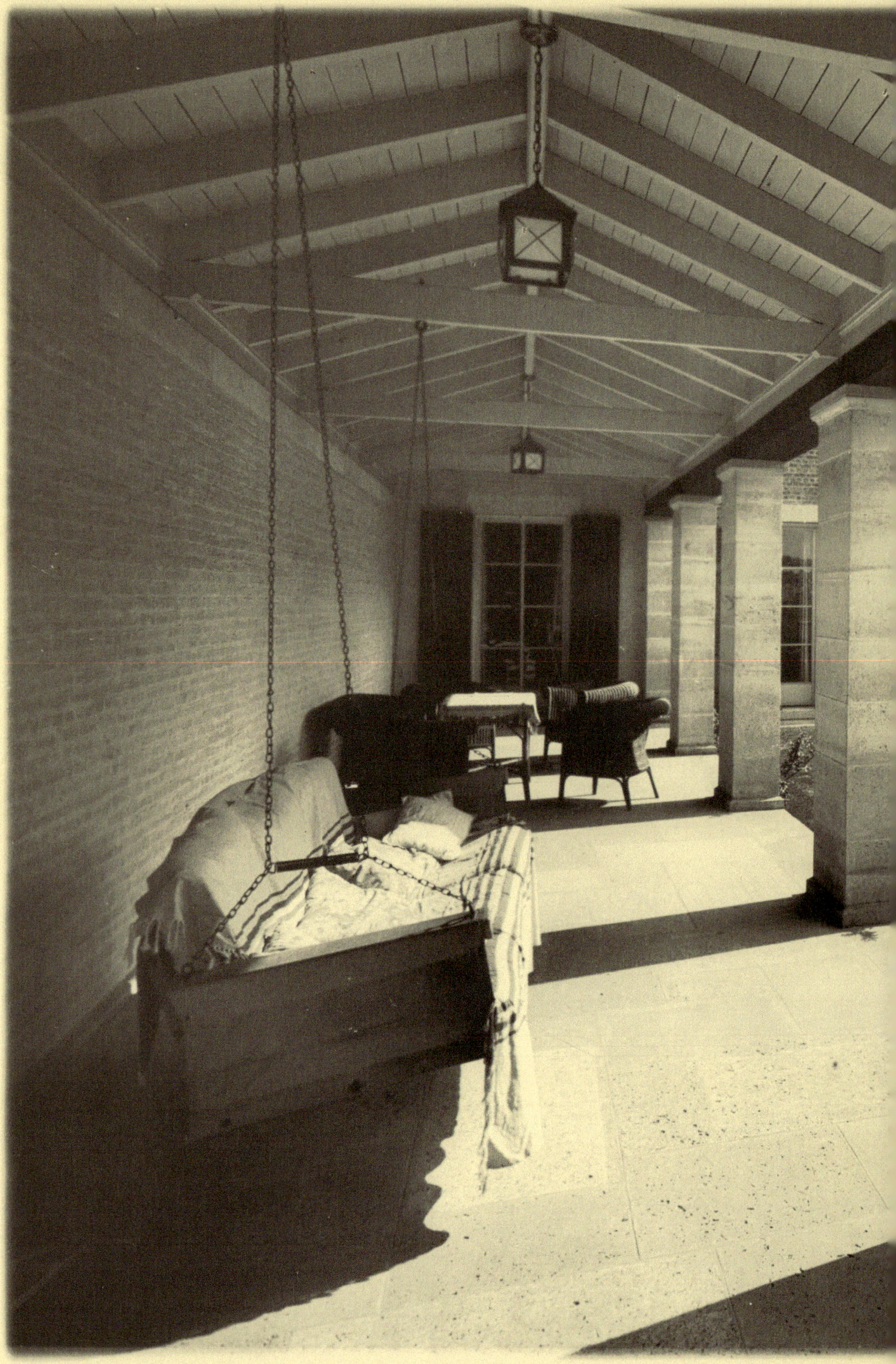

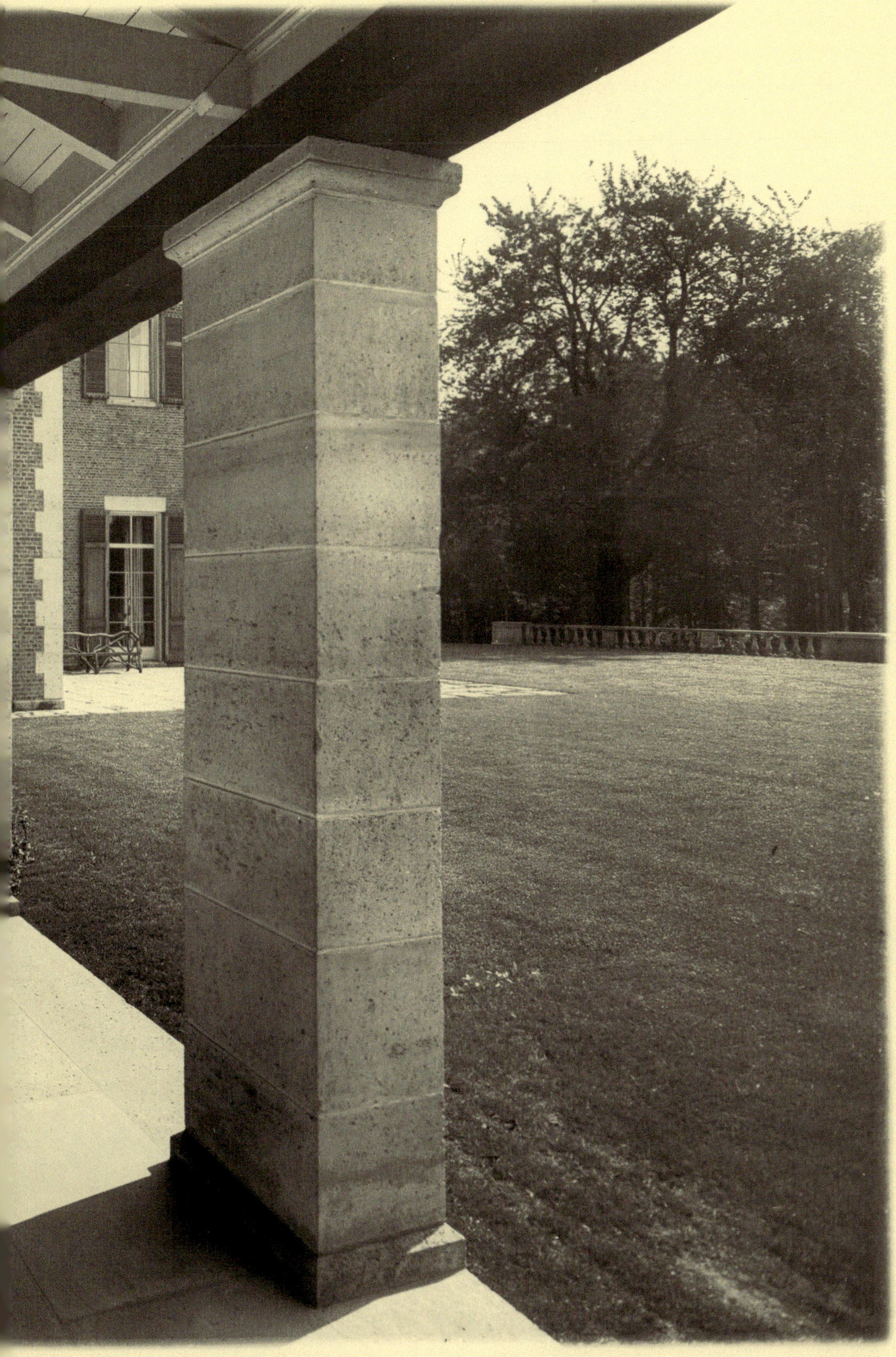

LA FAÇADE SUD DU « CHÂTEAU TUCK » VERS 1935
ET LE « CHÂTEAU ROYAL » DANS LES ANNÉES 1960.

MÉTAMORPHOSES SUCCESSIVES DU CHÂTEAU.
En haut : le chantier de 1960.
En bas : en 2004, la glycine a été enlevée. Les traces des tracteurs et camions marquent la pelouse.

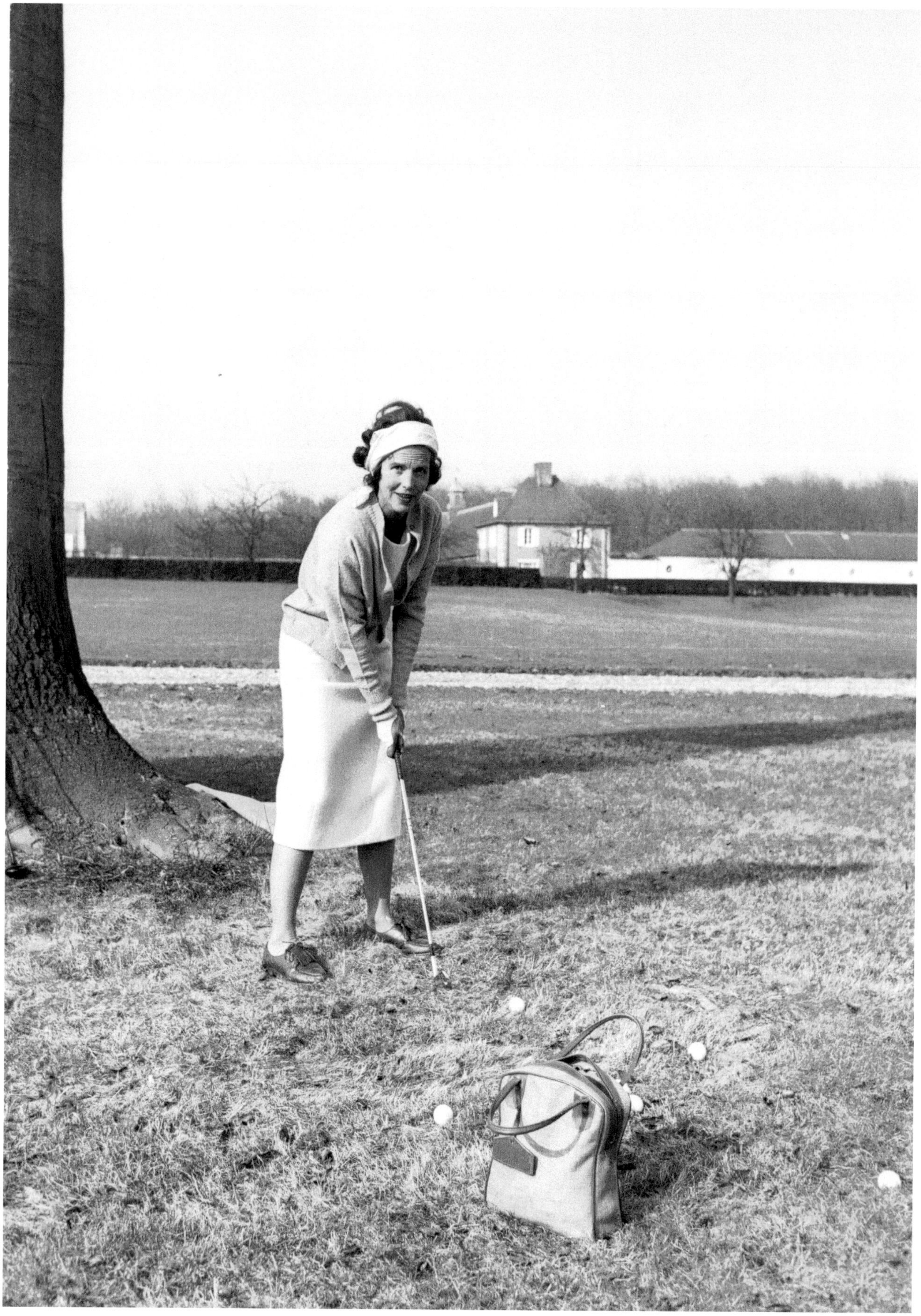

SCÈNES DE LA VIE FAMILIALE EN PLEIN AIR.
À gauche : sur une pelouse sauvage du domaine, la princesse Lilian s'exerce au golf (mars 1962).
Ci-dessus : le roi Léopold et la princesse Esmeralda observent l'arrivée en permission
du prince Alexandre, qui embrasse sa sœur Marie-Christine.

CERFS DE MARBRE,
AUX BOIS CONSTELLÉS D'ÉTOILES DORÉES.
Le modèle, devant le château Klessheim, aux environs de Salzbourg, et l'un des deux cerfs de marbre sculptés pour le parc d'Argenteuil, où s'égaient les princesses Marie-Christine et Esmeralda sous le regard attendri de leur mère, accompagnées de leur chien.

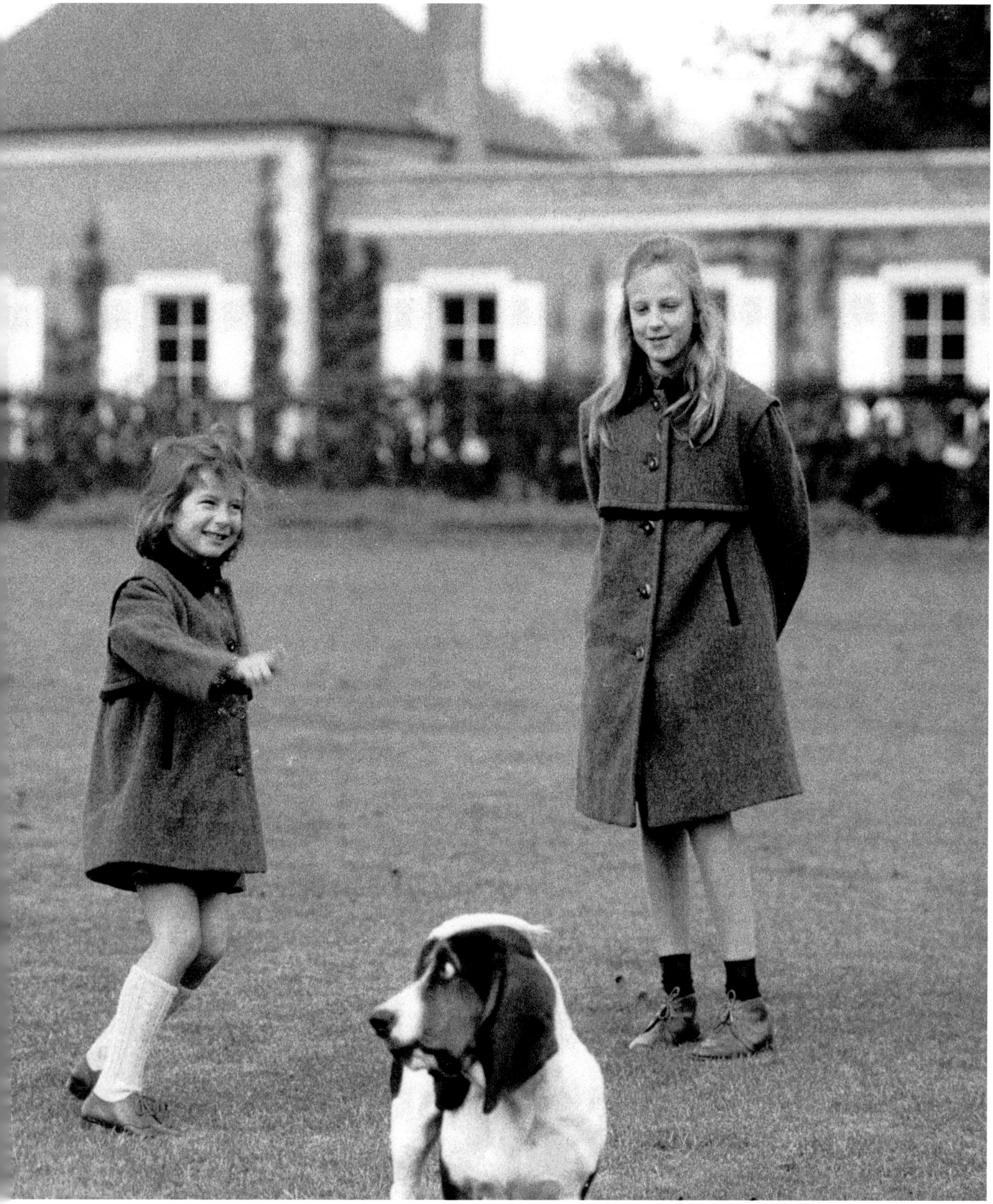

SCÈNES DE LA VIE FAMILIALE EN PLEIN AIR.
Le prince Alexandre et la princesse Esmeralda, dans la cour des dépendances.
Le même, en conversation avec sa mère, sur la pelouse à l'arrière du château.

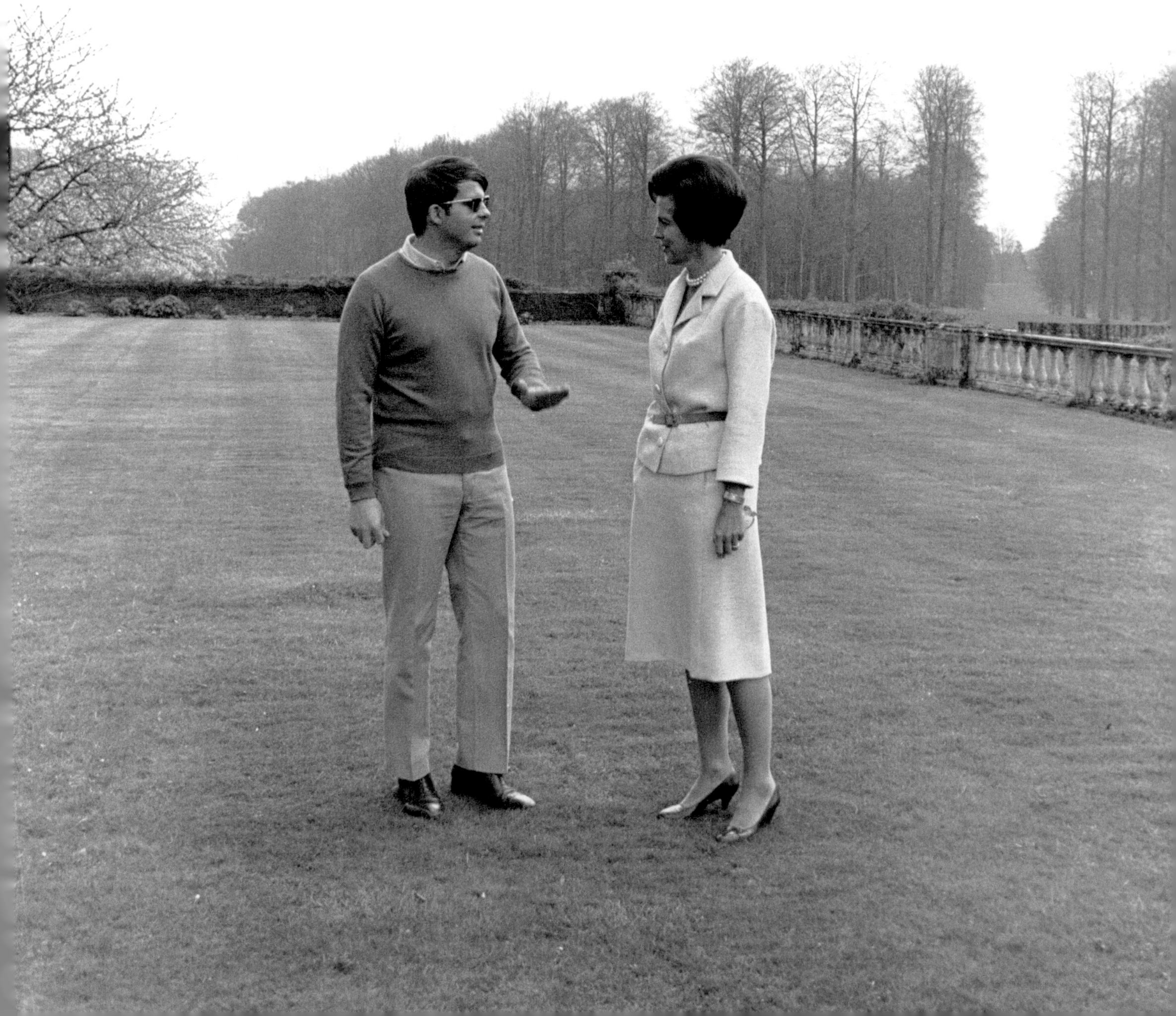

UNE DEMEURE ACCUEILLANTE POUR LES HÔTES DE MARQUE…
Tout au long de leur séjour à Argenteuil, le roi Léopold et la princesse Lilian
n'ont jamais cessé de participer à la vie de leur temps
et d'accueillir, à titre privé, hôtes de marque ou simples citoyens.
Ci-dessus : sur le perron du château,
la reine Elizabeth II d'Angleterre et le prince consort Philip, duc d'Édimbourg,
en visite à Argenteuil le 11 mai 1966.

...COMME POUR LES SIMPLES CITOYENS.
Réunion à Argenteuil, le 7 mai 1995, des présidents de section
de la Ligue nationale des Vétérans du Roi Léopold III,
à l'occasion du cinquantième anniversaire de l'association.
Sous un soleil radieux, cette réunion rassembla, dans une atmosphère émouvante,
« les fidèles parmi les fidèles ».
Ce fut la dernière manifestation importante organisée au domaine royal d'Argenteuil
du vivant de la princesse Lilian.
Sa fille Esmeralda l'aida à recevoir chaleureusement les Vétérans.
On reconnaît, à la gauche de la princesse Lilian, l'aumônier Raymond Thils
et, à droite de la princesse Esmeralda, un peu en retrait,
Jean Cleeremans, Président de la Ligue, auteur de plusieurs livres consacrés au roi Léopold III.

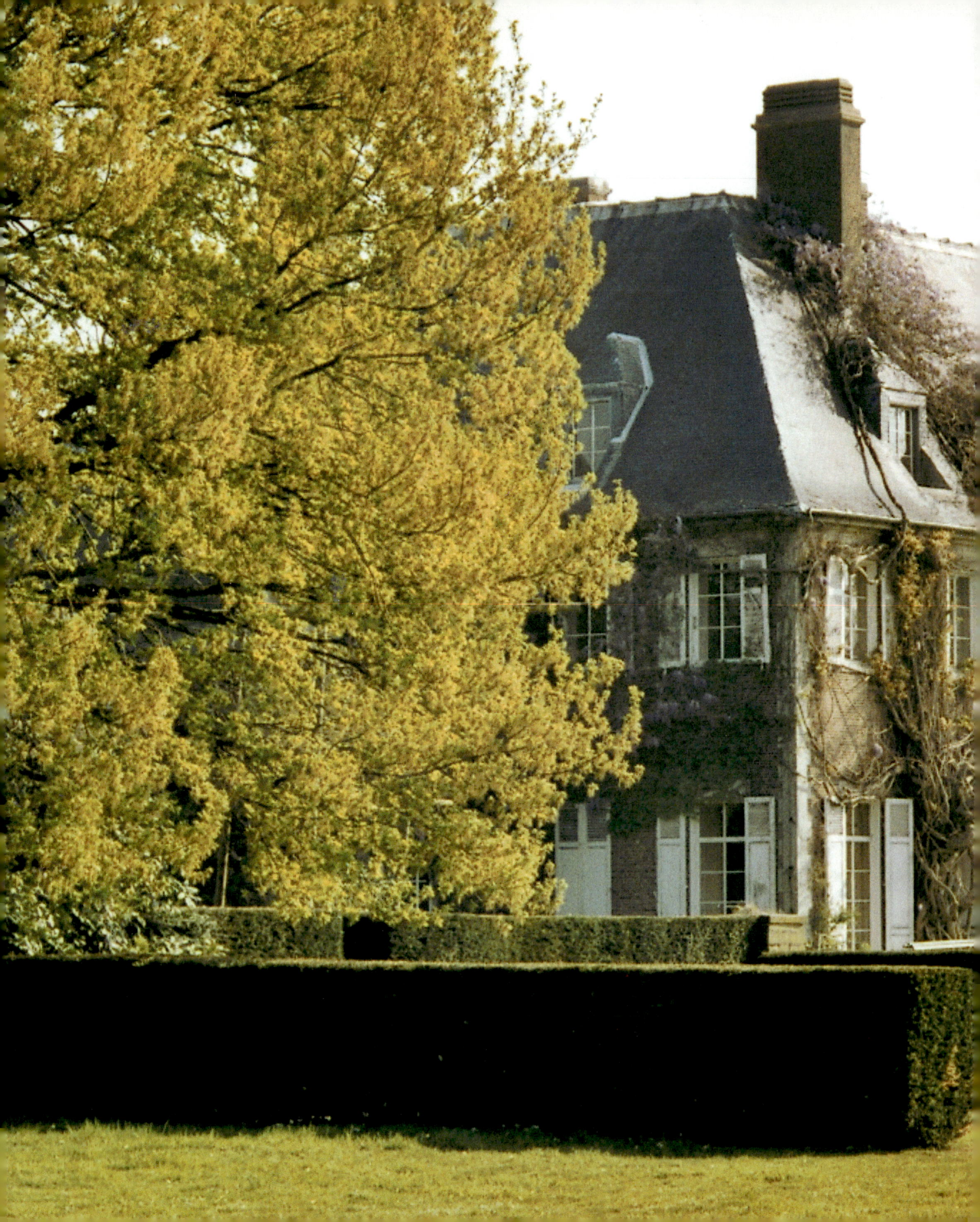

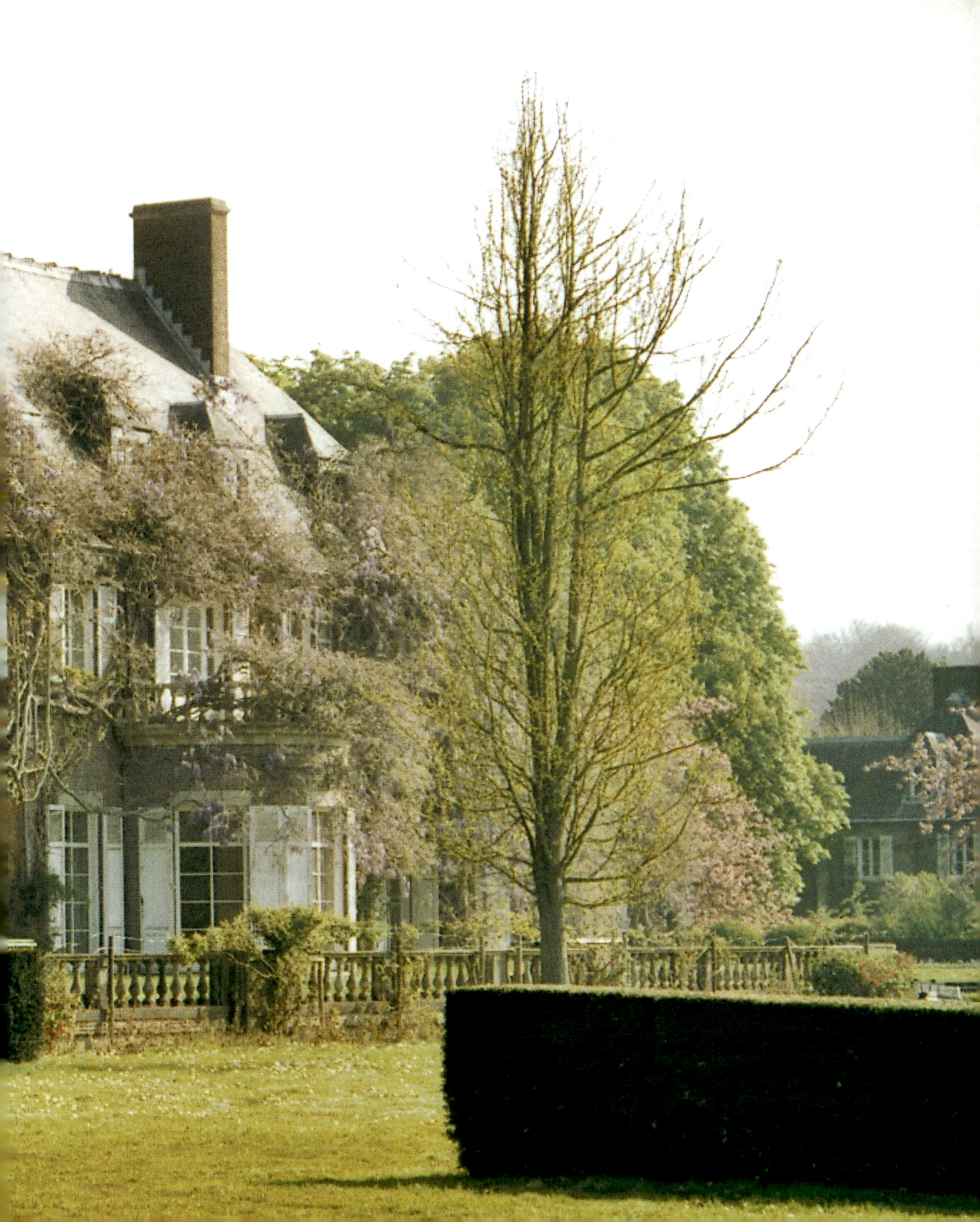

Côté cour

La gentilhommière, ses lieux et ses hôtes

PORTRAIT DE FAMILLE DANS LE GRAND SALON.
De gauche à droite :
la princesse Lilian, les princesses Marie-Christine (debout)
et Esmeralda, et le roi Léopold.
Le prince Alexandre, absent sur cette photo,
remplit ses obligations de milice
à l'École royale militaire, à Bruxelles.

Grille d'entrée

Corps de garde

Chambres des princesses (1er étage)

Entrée principale

Conciergerie

Piscine (anciens tennis)

Salle de cours

Cuisines

Serres

Bureaux Secrétariat

Salle des cartes et bureau du roi

Petite bibliothèque et terrasse (à l'arrière : salle des trophées)

Deux cerfs de marbre

Grande salle à manger

Appartement du prince Alexandre

Dépendances (anciennes écuries)

Grande bibliothèque et bureau du roi (au sous-sol : salle de projection)

Petite salle à manger

Grand salon et (au 1er étage) appartements du roi Léopold et de la princesse Lilian

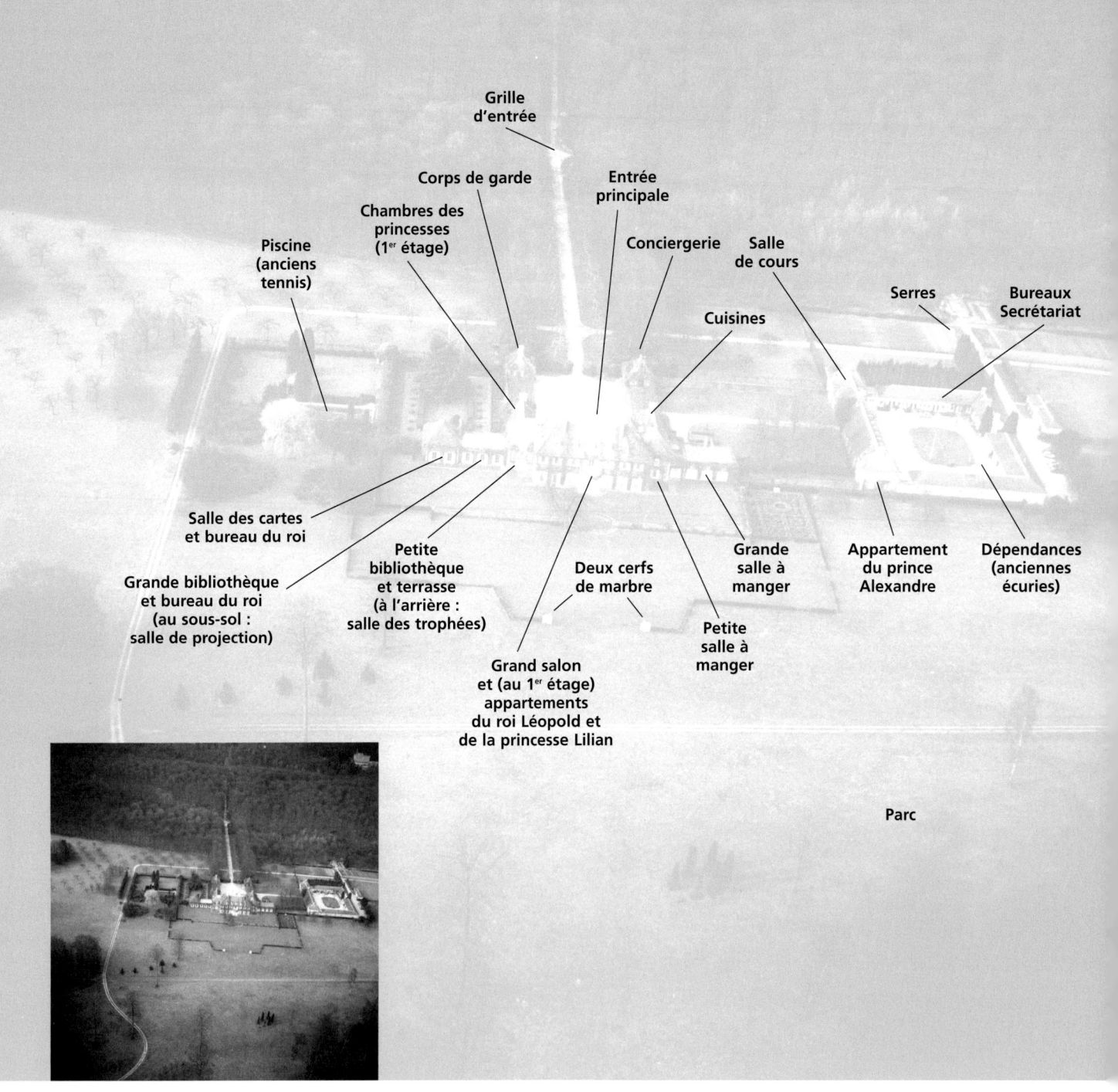

Parc

L'ESCALIER PRINCIPAL.
Sur les murs, des trophées de chasse ;
sous l'escalier, des mues des cerfs de la harde d'Argenteuil.
Sur le guéridon, une sculpture représentant un cerf en brame.
On devine la passion de la princesse Lilian pour ces animaux.
Double page suivante :
le hall et l'escalier au temps de l'ambassadeur Tuck (*en haut*) et en 2004 (*en bas*).
La porte (*en bas, à droite*) s'ouvre sur la petite bibliothèque.

54

55

LA PETITE BIBLIOTHÈQUE, À L'ÉPOQUE DE L'AMBASSADEUR WILLIAM TUCK.
Ci-dessus : l'architecte William Adams Delano avait fait venir d'Amérique des lambris de *pine*,
qui garnissaient la plupart des pièces.
Cela leur donnait un aspect assez sombre, mais de grande classe.
Le tableau au-dessus de la cheminée représente vraisemblablement un des ascendants de l'ambassadeur Tuck.
À droite : la même bibliothèque au début des années cinquante, côté gauche et droite,
avec la cheminée, la seule du château à n'avoir jamais été remplacée.

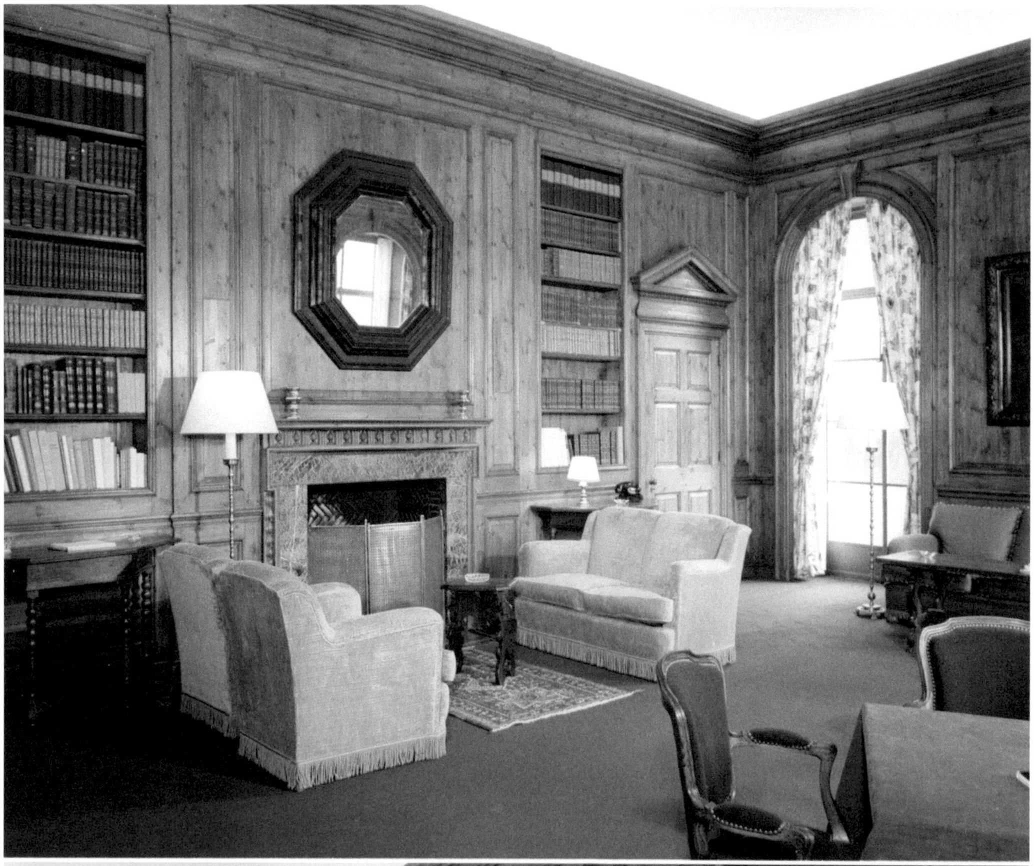

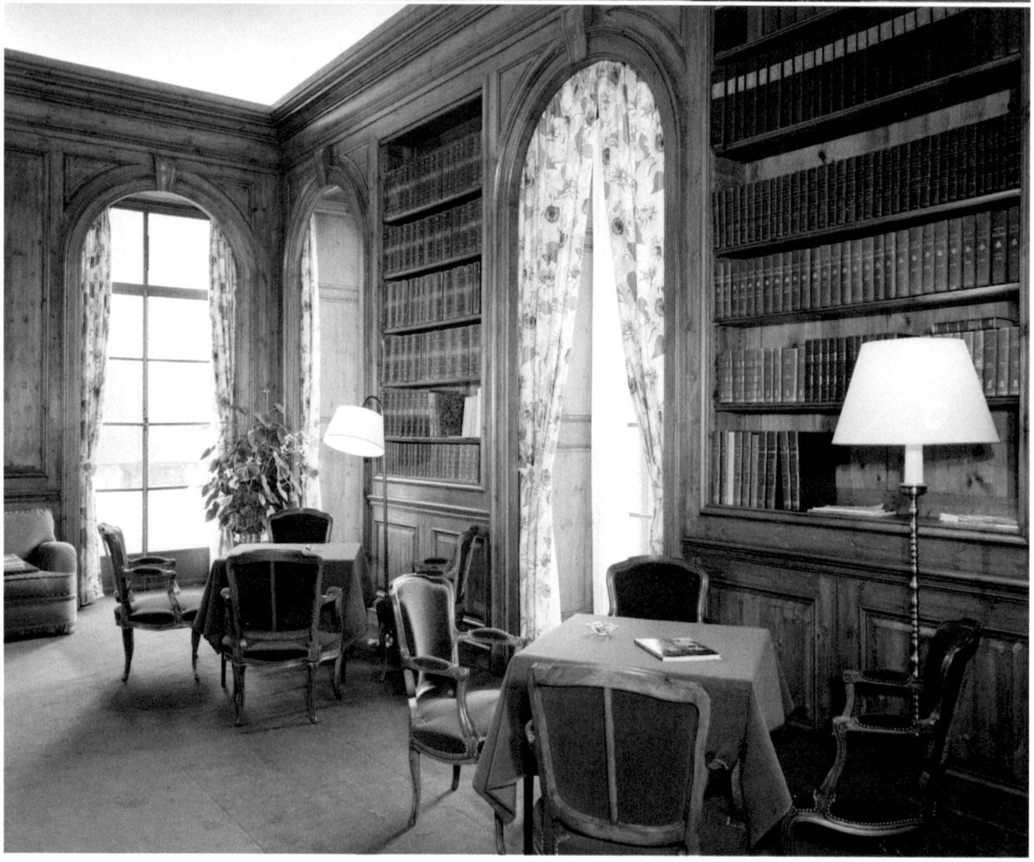

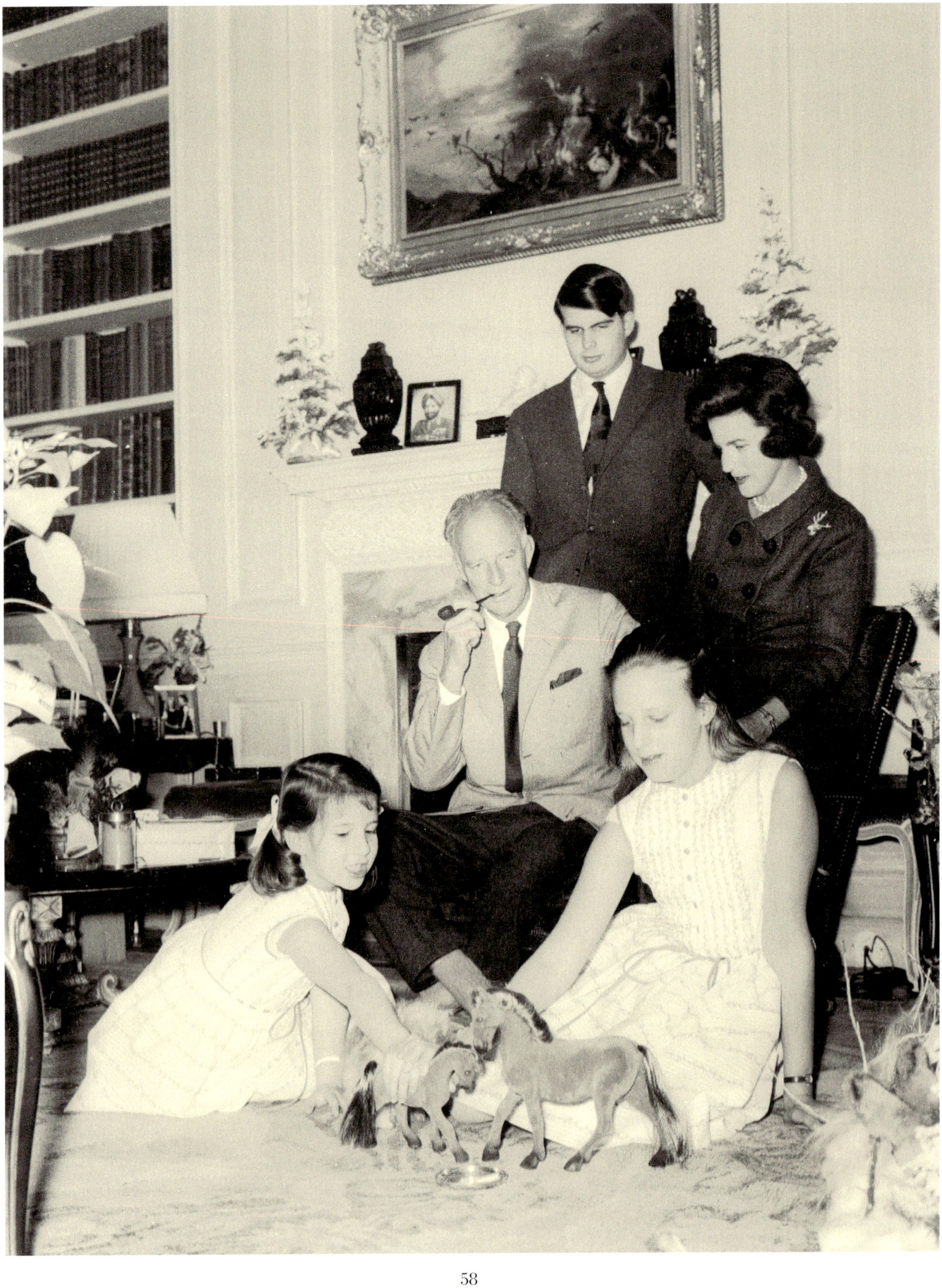

LA PETITE BIBLIOTHÈQUE, APRÈS L'INSTALLATION DU ROI LÉOPOLD ET DES SIENS.
À gauche : la famille rassemblée le jour de Noël 1962 ;
les princesses Esmeralda et Marie-Christine (accroupies)
et le prince Alexandre (debout derrière ses parents).
Ci-dessus : le roi Léopold, la princesse Lilian et leurs filles reçoivent un visiteur ;
les trois princesses d'Argenteuil.

LA PETITE BIBLIOTHÈQUE, LIEU DE RÉCEPTION PRIVILÉGIÉ DES VISITEURS.
Lors d'un aménagement réalisé peu avant l'Exposition universelle de 1958,
les boiseries d'origine furent peintes en couleur claire.
À l'automne 1960, le mobilier et les livres de cette pièce, propriété de l'État belge,
furent déplacés au château de Val-Duchesse
et remplacés par le mobilier appartenant au roi Léopold qui se trouvait au château de Laeken.

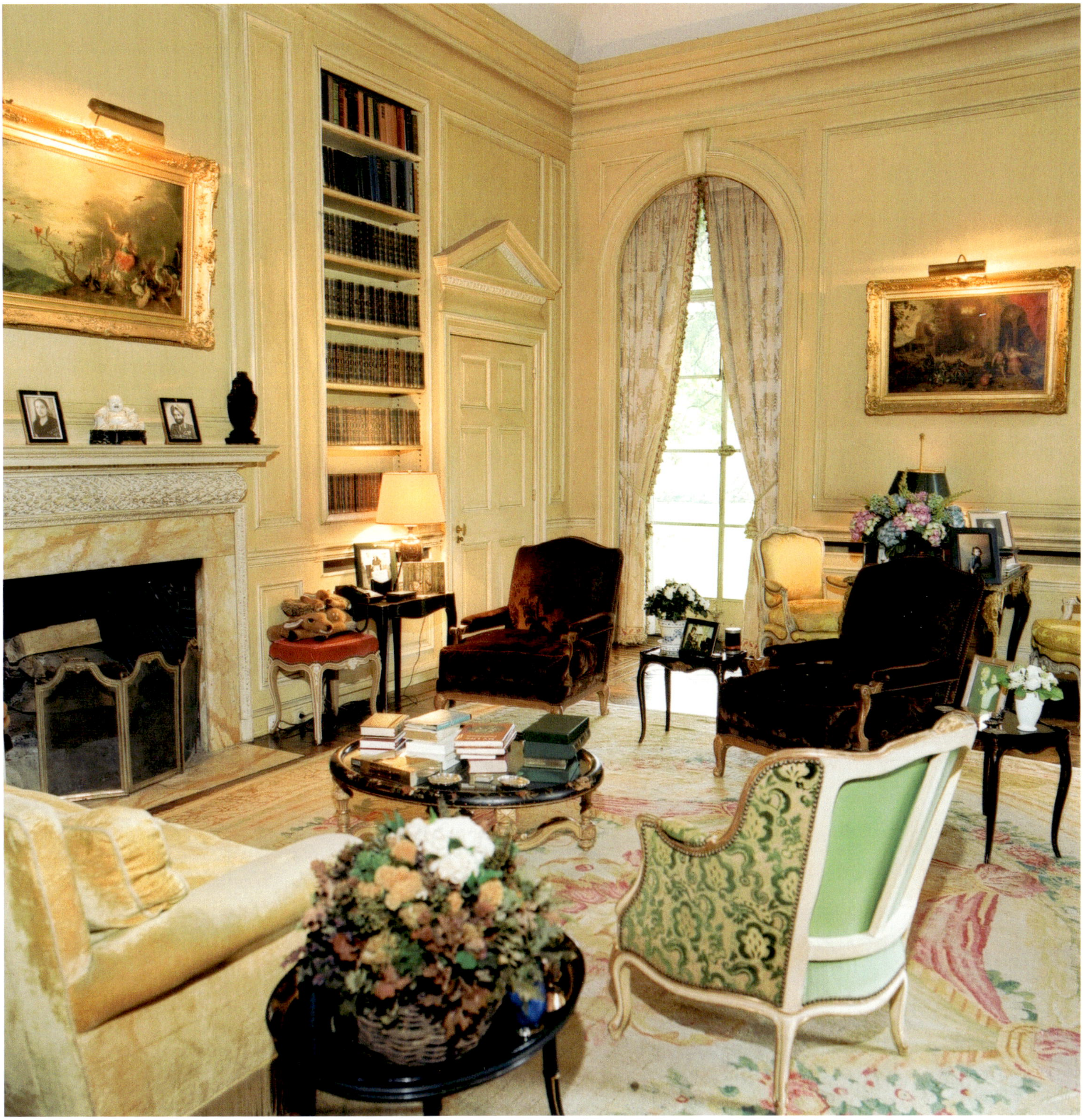

PETIT SALON QUI DEVIENDRA, APRÈS 1960, LA « SALLE DES TROPHÉES ».
Ci-dessus : à l'époque de l'ambassadeur Tuck ;
pagede droite : après l'installation du roi et des siens à Argenteuil.
La princesse Lilian aimait l'atmosphère de cette pièce (*voir pages 64-65*),
attenante à la petite bibliothèque, et où se trouvait la télévision du château.
Sur les commodes, des photos de famille et de personnalités proches,
comme Jawâharlâl Nehru, président de l'Union indienne, décédé en 1964.

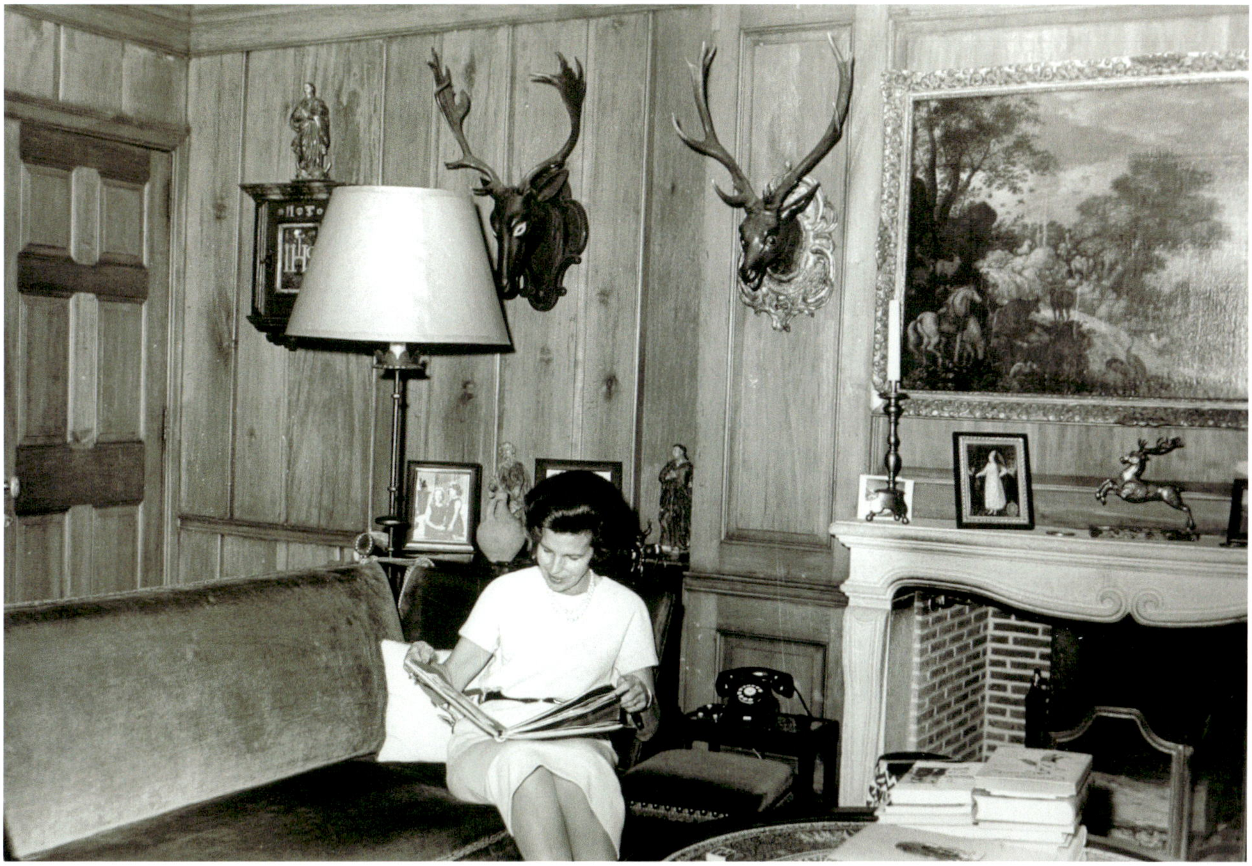

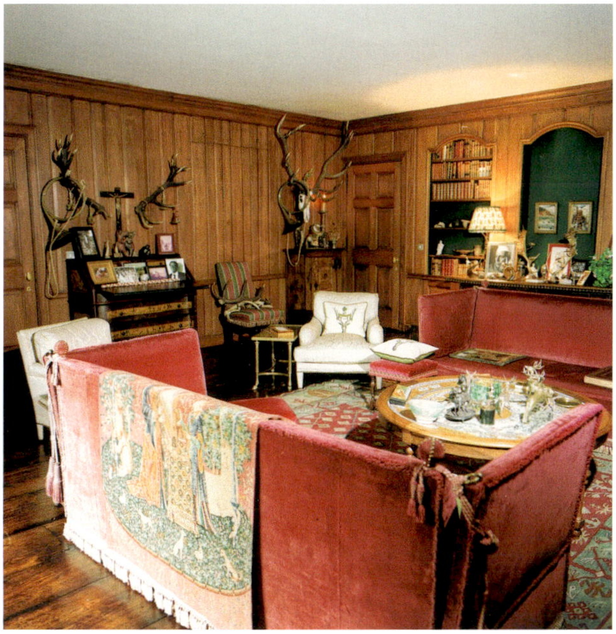

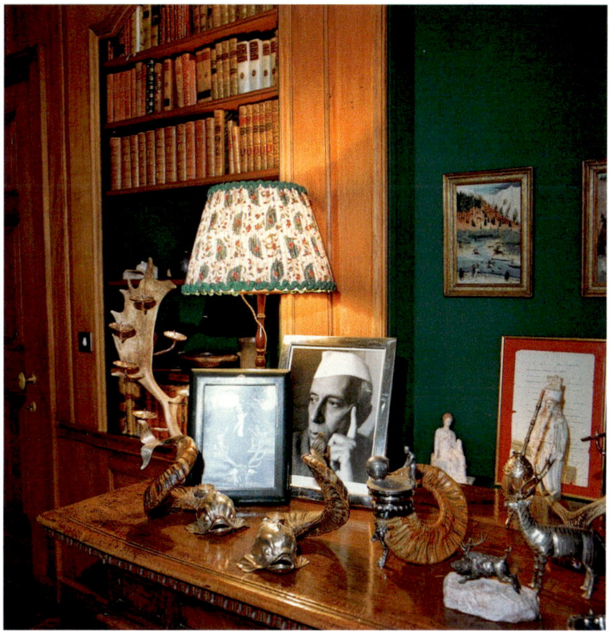

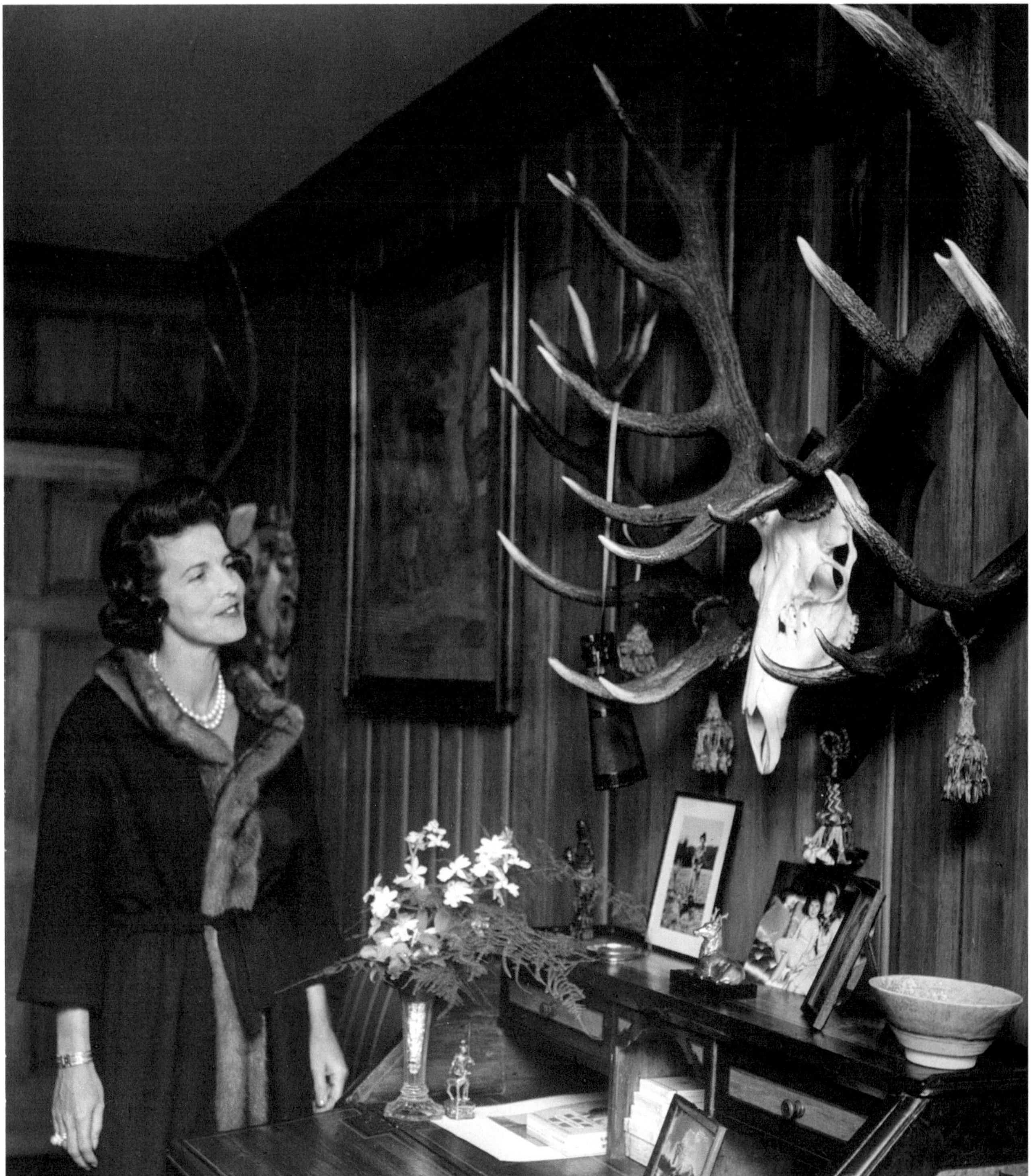

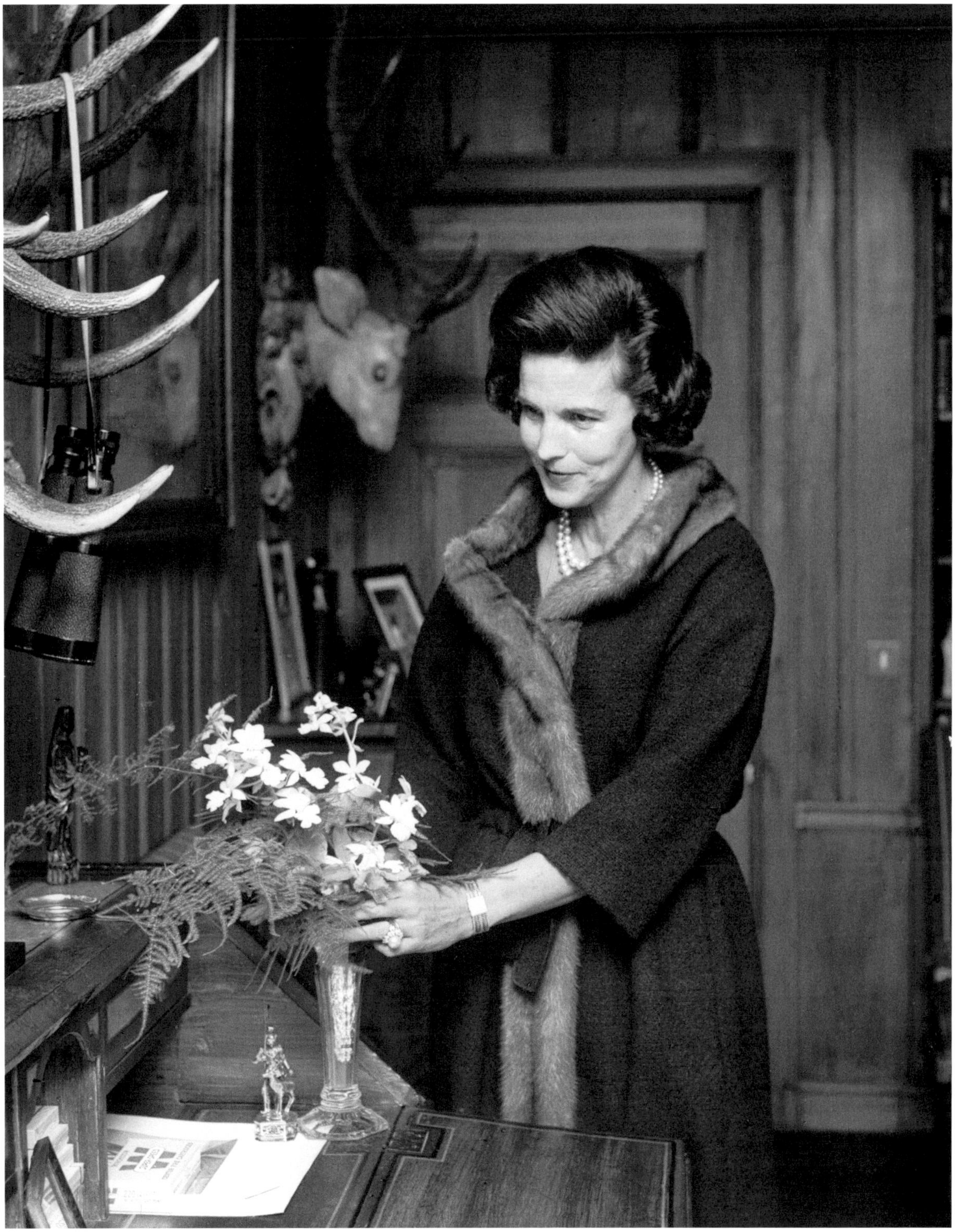

DANS LA GRANDE BIBLIOTHÈQUE D'ARGENTEUIL.
Ci dessus : le roi assis sur l'un de ses deux bureaux, celui de la grande bibliothèque construite en 1960 (*voir page 39*) ;
derrière lui, un tableau aux couleurs vives, dû au talent de Hélène de Limbourg-Stirum,
née Hélène de France, représente la princesse Lilian en Diane chasseresse.
À droite : vues générale et partielles de la grande bibliothèque à la fin de l'année 2002, peu avant son démantèlement.
Cette pièce permettait de tenir autour de la table des réunions de travail en petit comité.

67

BUREAU DU ROI LÉOPOLD, APPELÉ AUSSI « SALLE DES CARTES ».
En venant de la grande bibliothèque (que l'on aperçoit par la porte), le visiteur pénétrait dans le bureau du roi.
Du fait que ce dernier en avait orné les murs par des cartes des pays qu'il explorait régulièrement,
cette pièce fut aussi appelée « salle des cartes ». Un important meuble à tiroirs, conçu pour le classement de cartes,
y avait été placé (on en voit une partie à droite). Le roi travaillait sur un bureau construit en bois d'Afrique
par les Ateliers De Coene, sur les plans de l'architecte Henry Van de Velde (*page de droite*).

Double page suivante :
LA SALLE DE PROJECTION ET D'ARCHIVES DU ROI LÉOPOLD.
Dans cette grande pièce située en dessous de la grande bibliothèque,
à laquelle on accédait par un escalier situé dans le bureau du roi,
ce dernier classe ses photographies, ses diapositives et ses archives et souvenirs de voyage.
Cette pièce pouvait également servir de salle de projection.

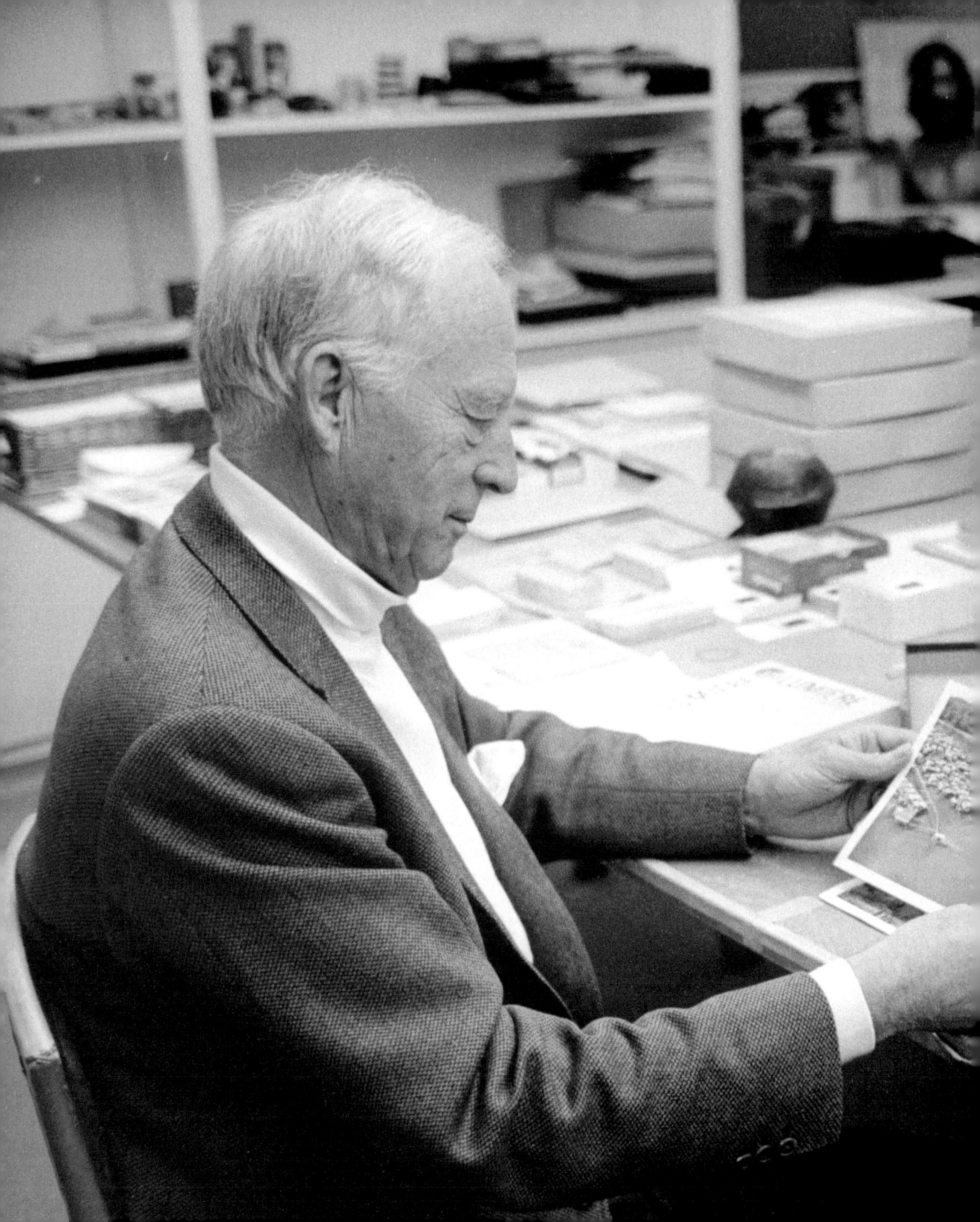

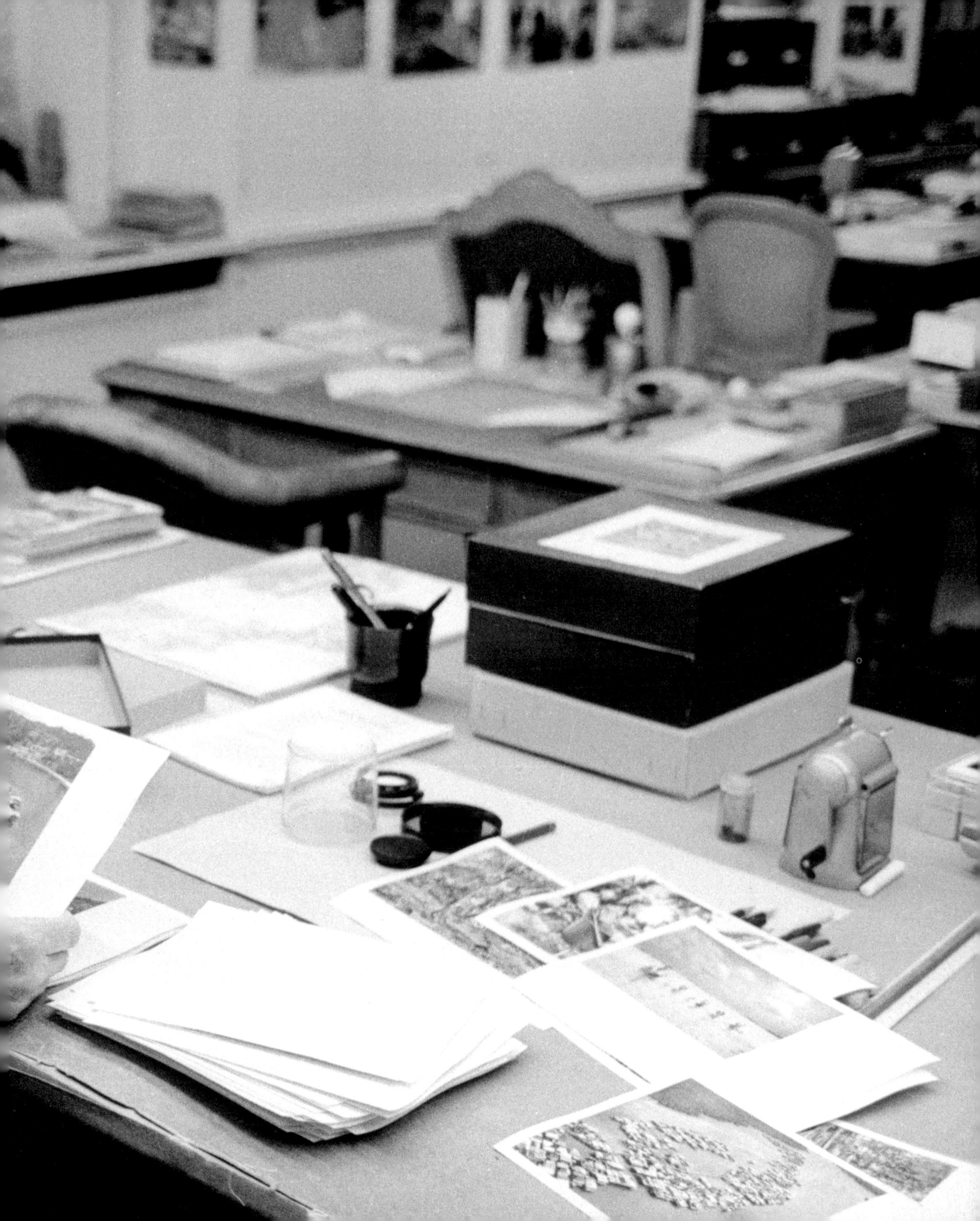

DANS LE GRAND SALON, UN JOUR DE NOVEMBRE 1961 :

LES PRINCESSES MARIE-CHRISTINE, LILIAN ET ESMERALDA.

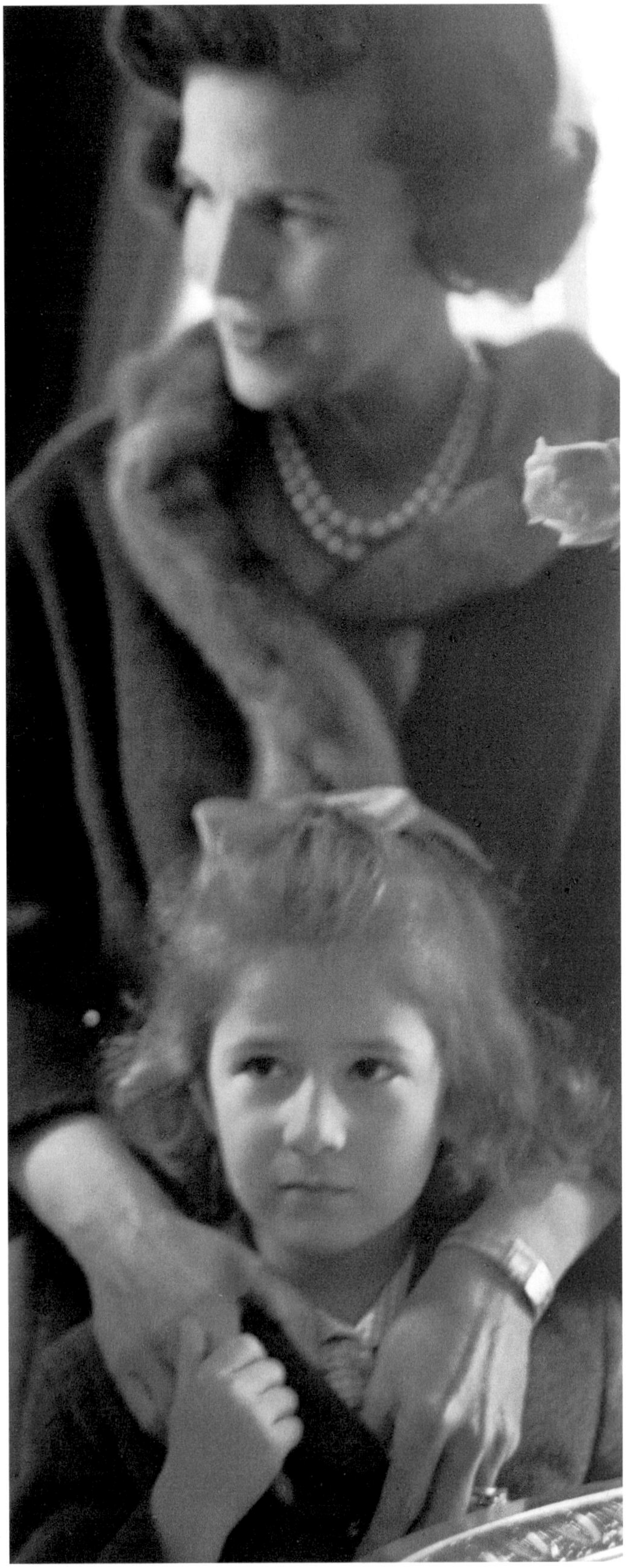

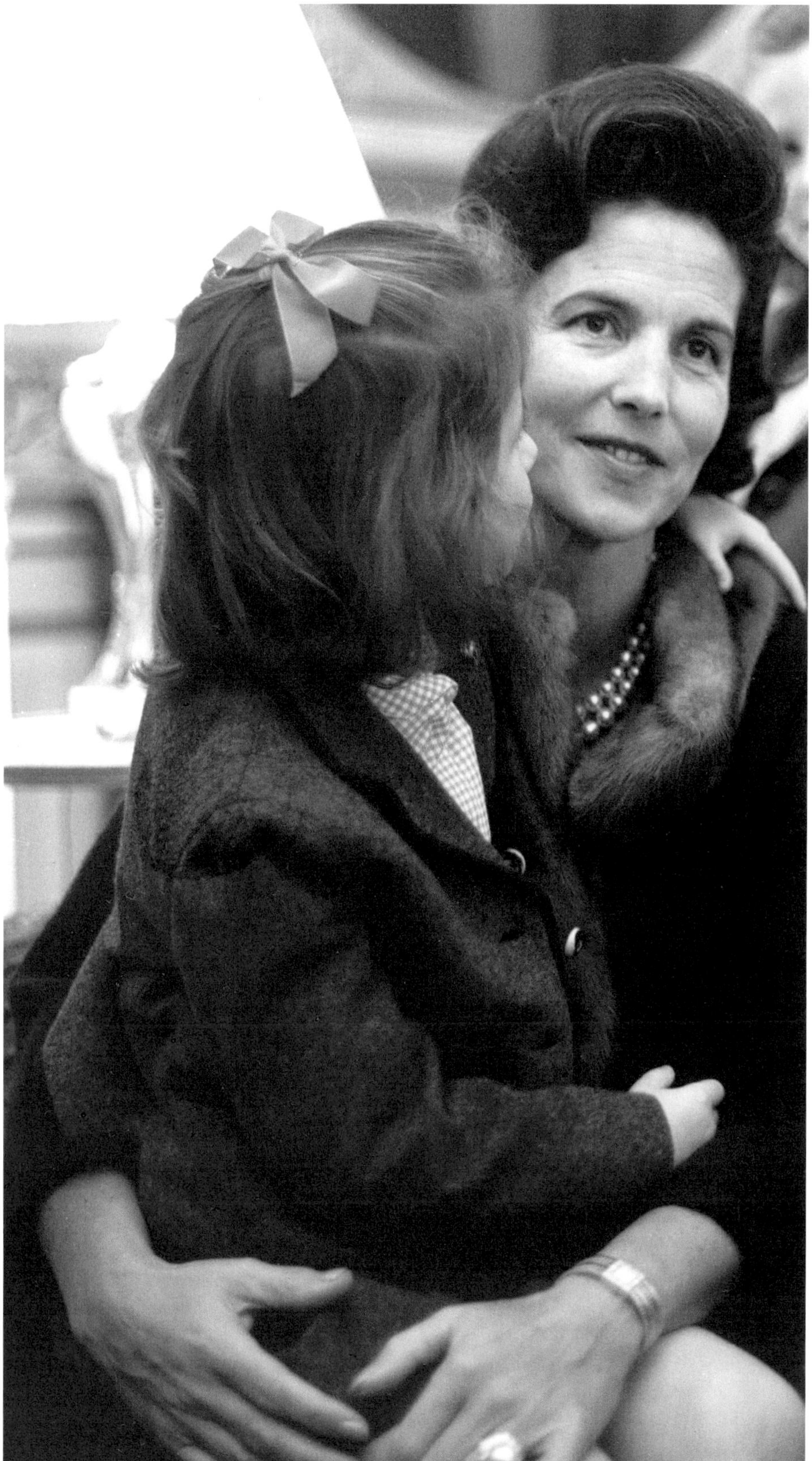

LE GRAND SALON.
Deux époques : vue du côté nord, à l'époque de l'ambassadeur Tuck et en 1961.

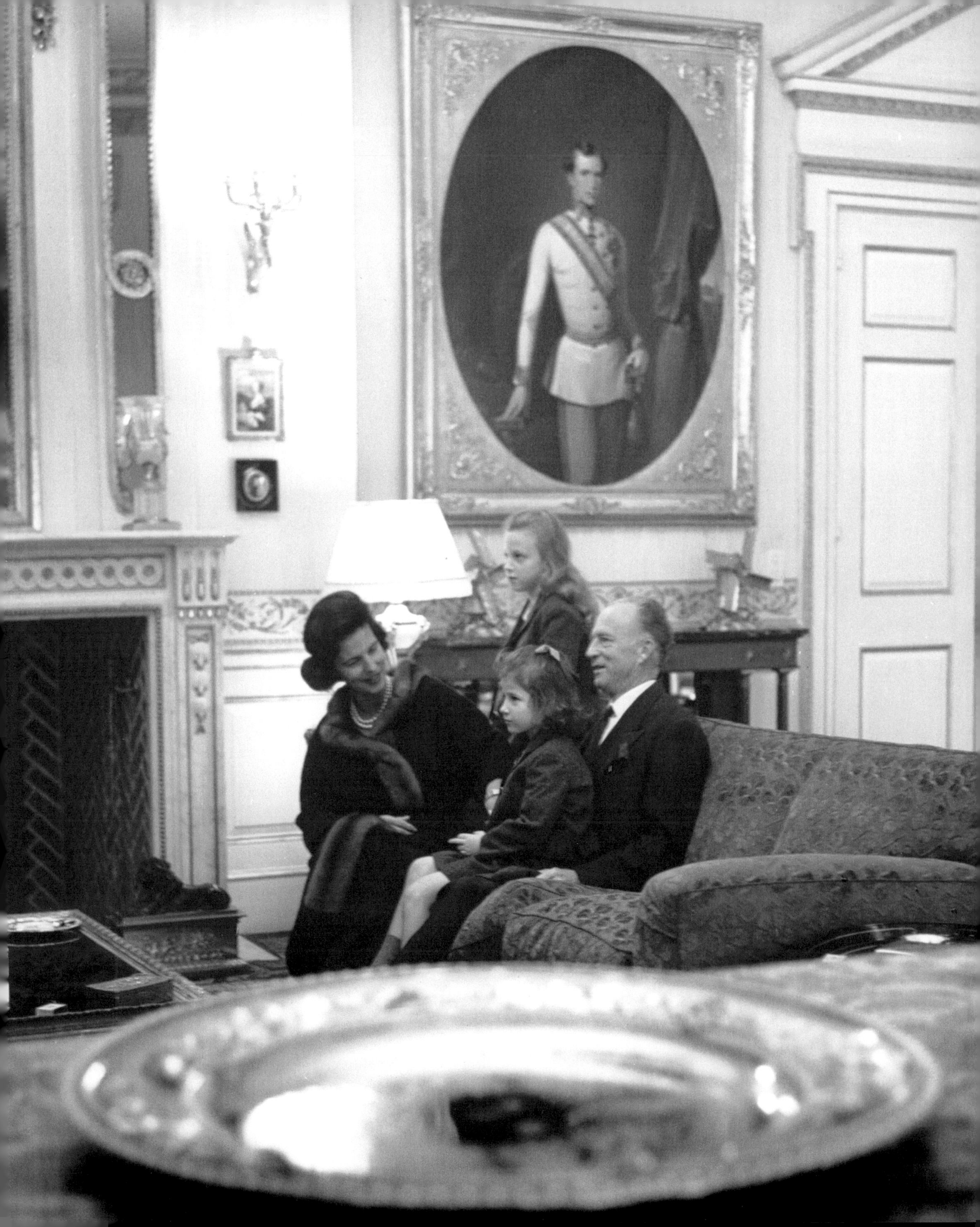

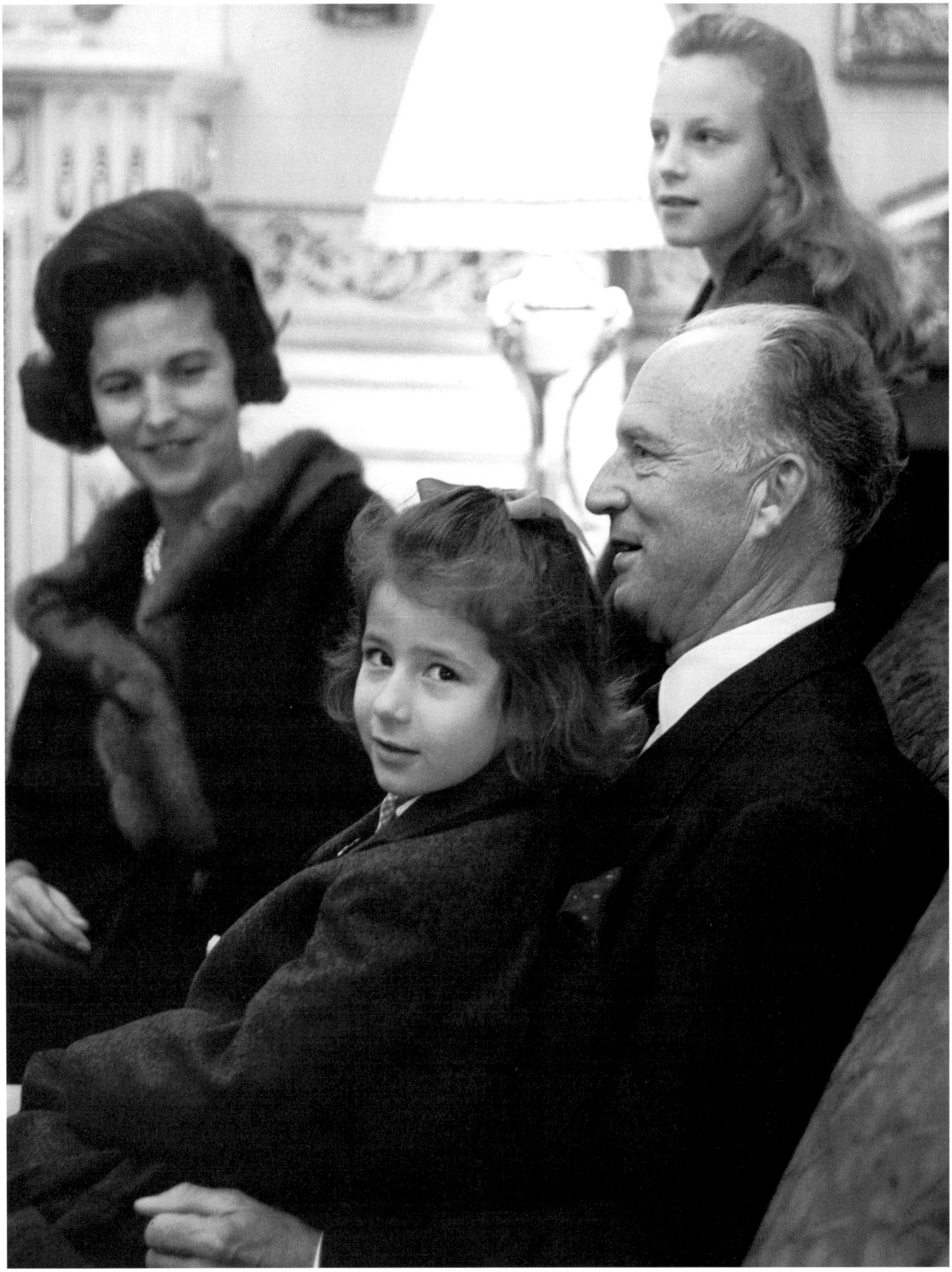

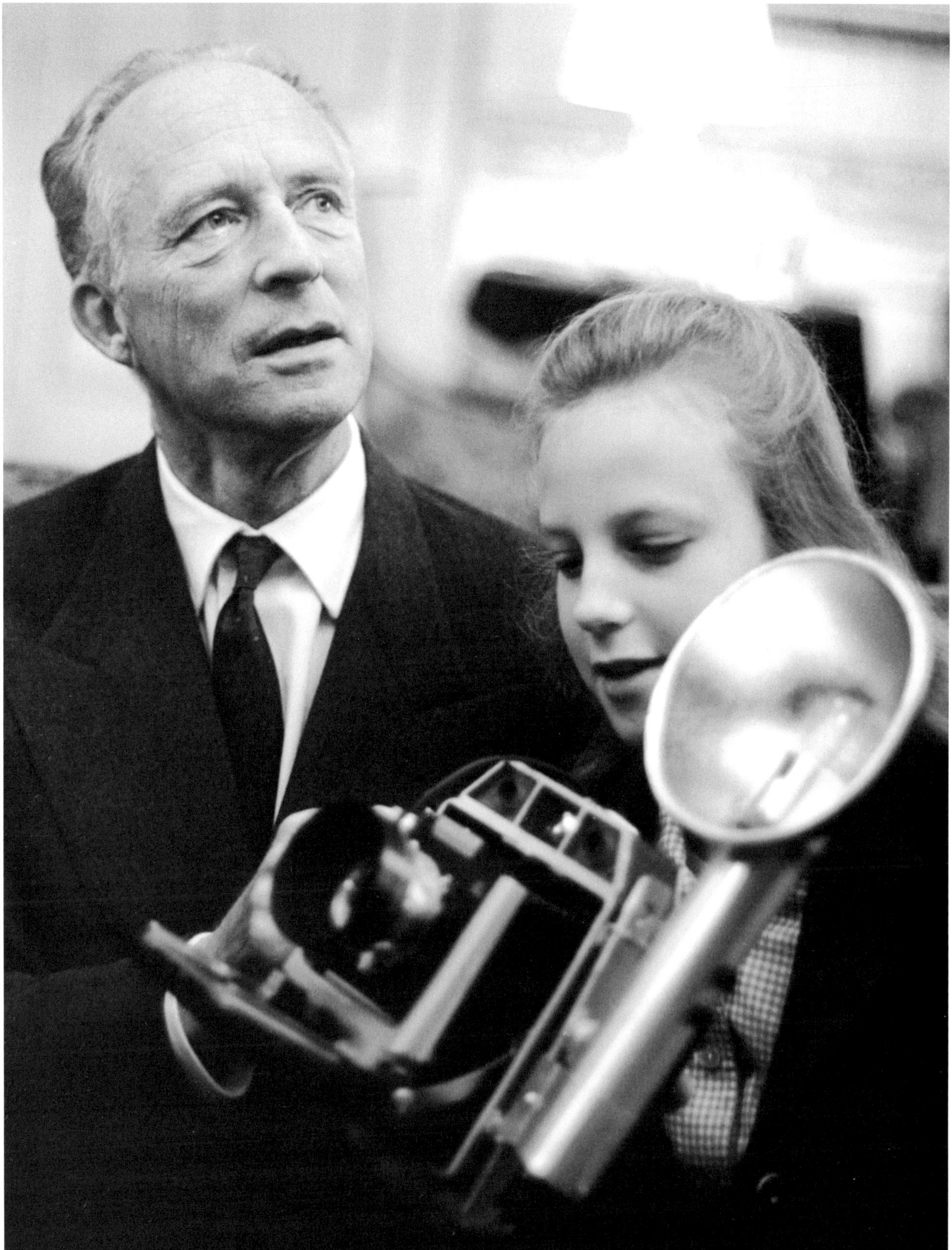

80

DANS LE GRAND SALON.
Le grand salon d'Argenteuil, tel qu'aménagé selon les goûts de la princesse Lilian,
en son état durant les années 1961-2002
— excepté *page de gauche, en haut :* vue du salon à la fin des années 1950,
précédant les travaux qui seront réalisés pour le roi Léopold et sa famille.
Scènes familiales, du début des années 1960 à la fin des années 1970.
On y décèle la passion du roi Léopold pour la photographie (*page 79*).

LA CHEMINÉE DU GRAND SALON.
Cette photo, comme la plupart des photographies en couleur de ce chapitre,
a été prise à la fin de l'année 2002, alors que le déménagement du domaine d'Argenteuil était déjà en cours.
Du vivant du roi Léopold et de la princesse Lilian, la décoration des lieux, plus familiale et plus chaleureuse,
se présentait comme on peut le voir plus haut (*page 81*).

LA LOGGIA DU GRAND SALON.
Située du côté sud du grand salon, cette élégante loggia,
avec vue sur le parc, fut construite en 1960.

LE « SALON STEVENS ».
Au château de Laeken, les appartements privés du roi
avaient été conçus dans le style propre au peintre belge Alfred Stevens (1823-1906).
La princesse Lilian s'efforça de reconstituer cette atmosphère dans l'un des deux salons d'Argenteuil,
celui attenant au grand salon, d'où le nom qui lui fut donné.
Au-dessus de la cheminée, le cadre représentant la princesse Lilian en tenue de golf
est dû à un adepte de ce sport et qui jouait au golf avec le roi et la princesse :
il réalisa ce portait à Pregny (Suisse), à la fin des années 1940.

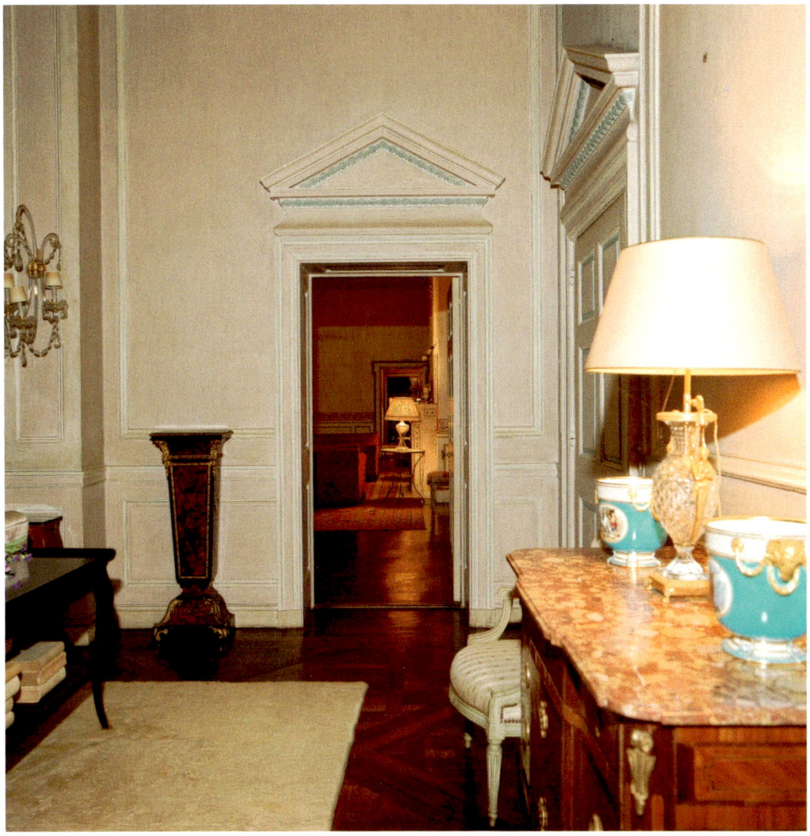

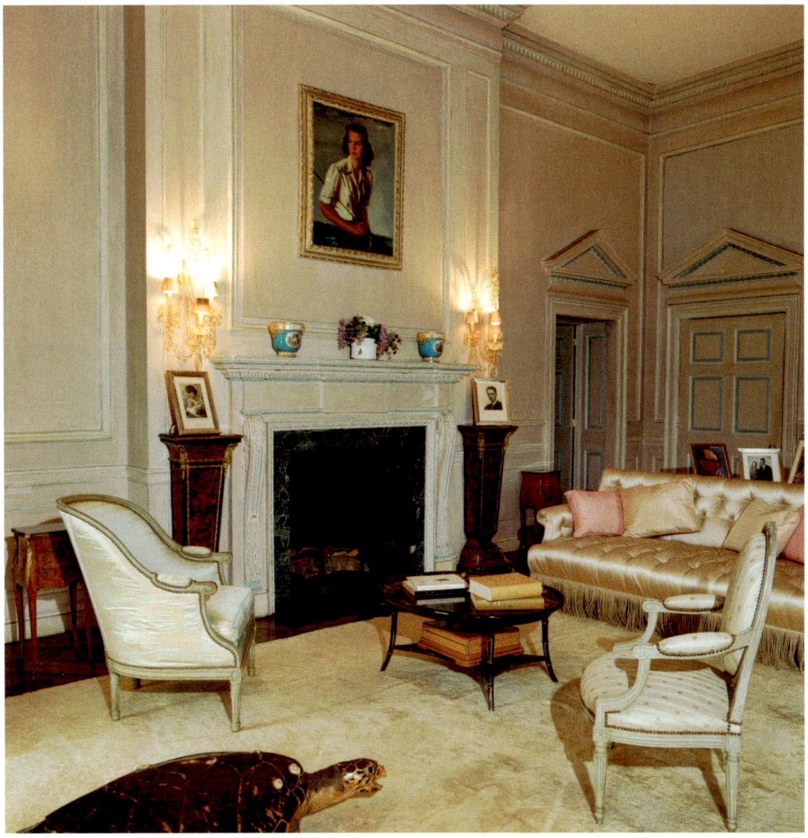

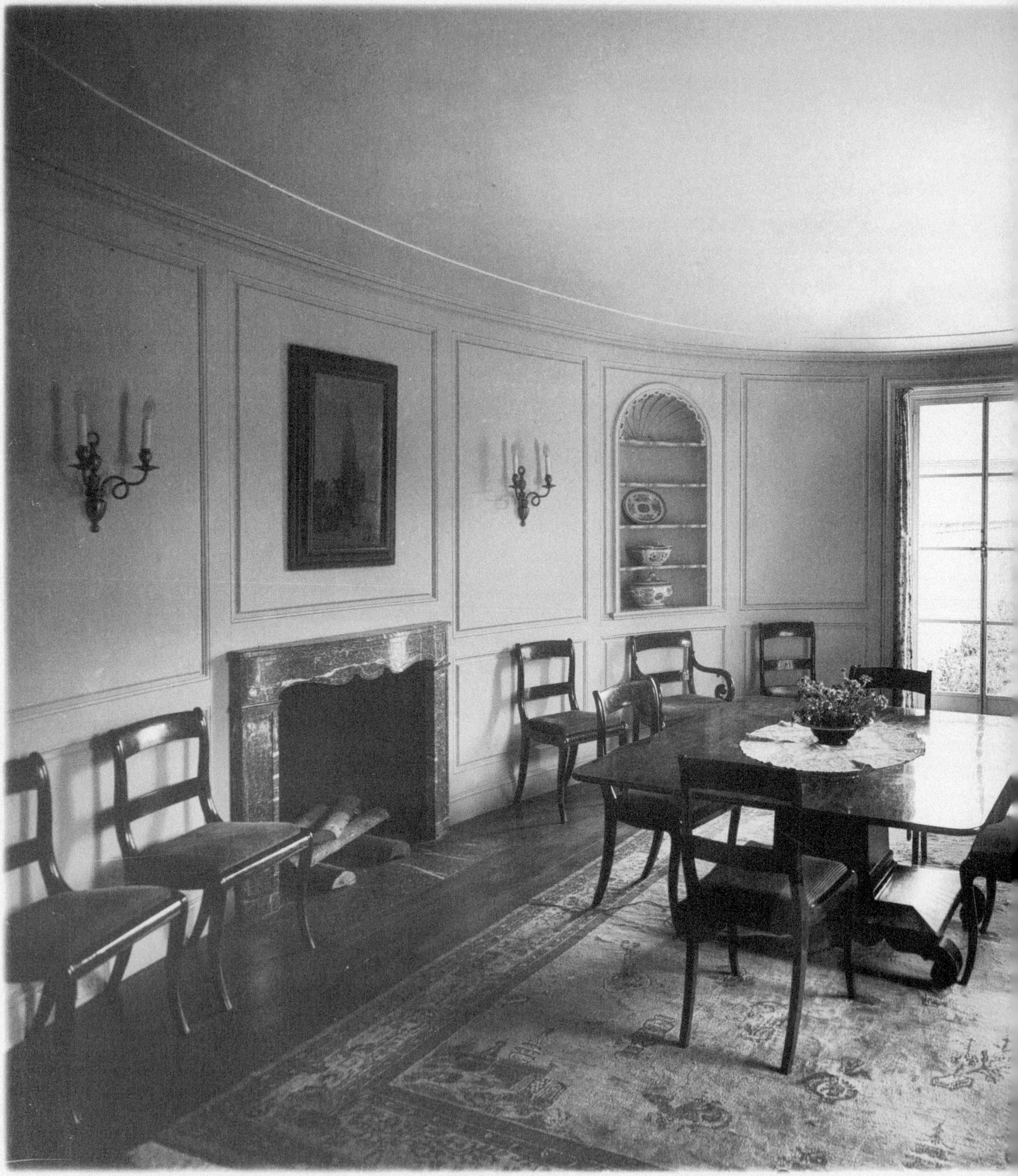

LA PETITE SALLE À MANGER OVALE.
Ci-contre : vue de cette pièce dans les années 1930,
alors que le couple Tuck-Bunge avait encore un enfant
en bas-âge, d'où la chaise d'enfant le long du mur.
Ci-dessus : la même pièce avant l'installation
du roi Léopold et de sa famille à Argenteuil.
Ci-dessous : en 1961, les deux filles cadettes du roi
Léopold et de la princesse Lilian prenaient leur repas
dans cette pièce. Au mur, les assiettes de fine porcelaine
bruxelloise, avec sujets ornithologiques, provenaient
du service commandé en 1829 par Guillaume Ier,
roi des Pays-Bas, pour son Palais de Bruxelles.
Après le décès de son époux, la princesse Lilian recevait
ici ses hôtes à déjeuner et dîner.

LA SALLE À MANGER D'ARGENTEUIL
AVANT L'INSTALLATION DU ROI LÉOPOLD ET DE SA FAMILLE.

Ci-dessus : ainsi se présentait cette salle à manger,
dans les années 1930, du temps de l'ambassadeur Tuck.
Ci-contre : l'ancienne salle à manger du château,
quelques mois avant l'établissement à Argenteuil du roi Léopold et de sa famille.
Une table y a été dressée en vue de recevoir des hôtes officiels.
Meubles, couverts et tableaux sont la propriété de l'État belge, qui les a repris en 1960 ;
certains ont été placés au château de Val-Duchesse.

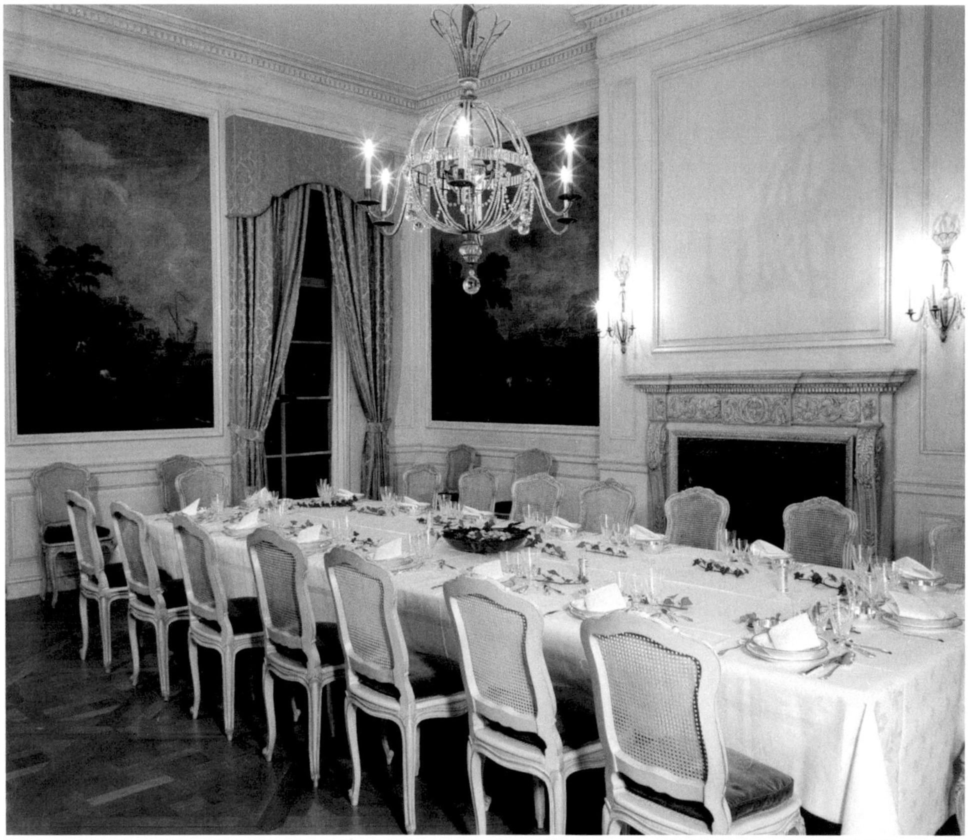

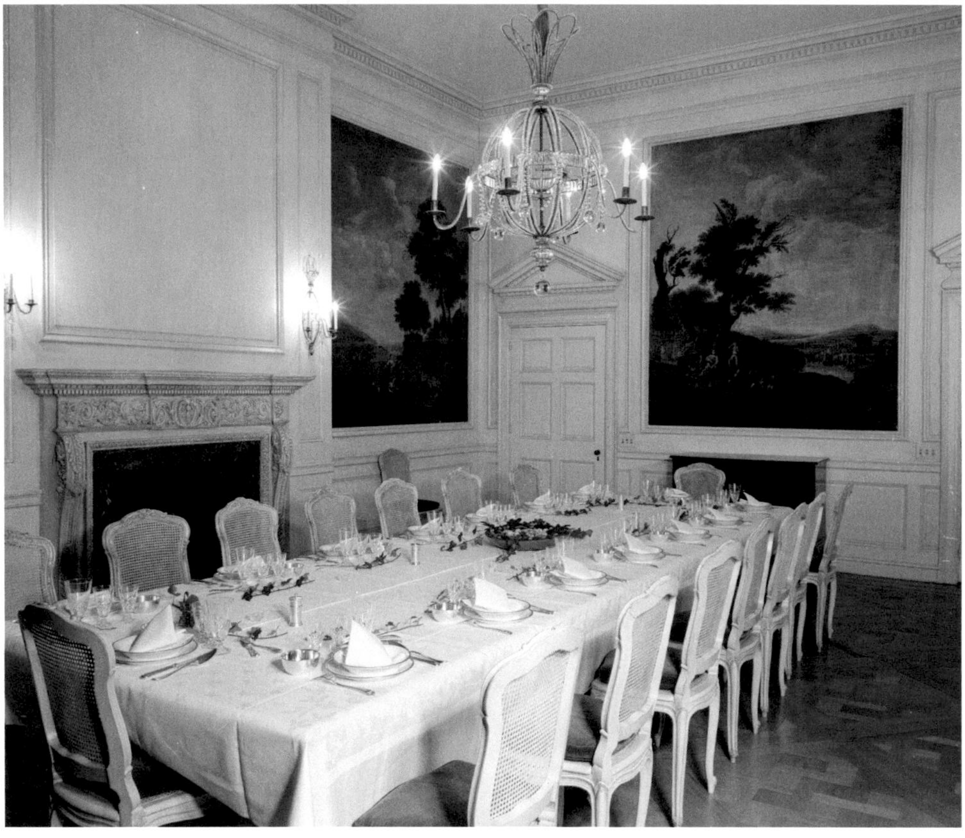

LA SALLE À MANGER D'ARGENTEUIL APRÈS 1961.
Ajoutée à la bâtisse originale en 1960, cette pièce prolonge l'aile est du château.
Les dîners offerts à l'occasion des symposiums
de la Fondation cardiologique Princesse Lilian s'y déroulèrent.
Cette photographie fut prise lors du dernier dîner de gala de la fondation à Argenteuil.

LA SALLE À MANGER D'ARGENTEUIL EN 2002.
La même salle, privée de son mobilier et de son lustre, à la fin de l'année 2002, au cours du déménagement.
Les murs sont encore ornés d'imposantes tapisseries représentant des scènes de chasse au loup,
provenant des ateliers de Gaspard Van der Borght, surnommé "A. Castro" (premier quart du XVIIIe siècle).
Une élégante bordure de feuilles d'acanthe et de sujets floraux entoure chaque tapisserie
(*voir détails page 95*).

Double page suivante :
UNE TABLE DRESSÉE POUR UN FESTIN.
Le service aux armoiries royales est placé sur des assiettes en argent
créées vers 1850 par l'artisan français Charles-Nicolas Odiot
et provenant de la succession de Philippe, comte de Flandre, quatrième fils de Léopold Ier.

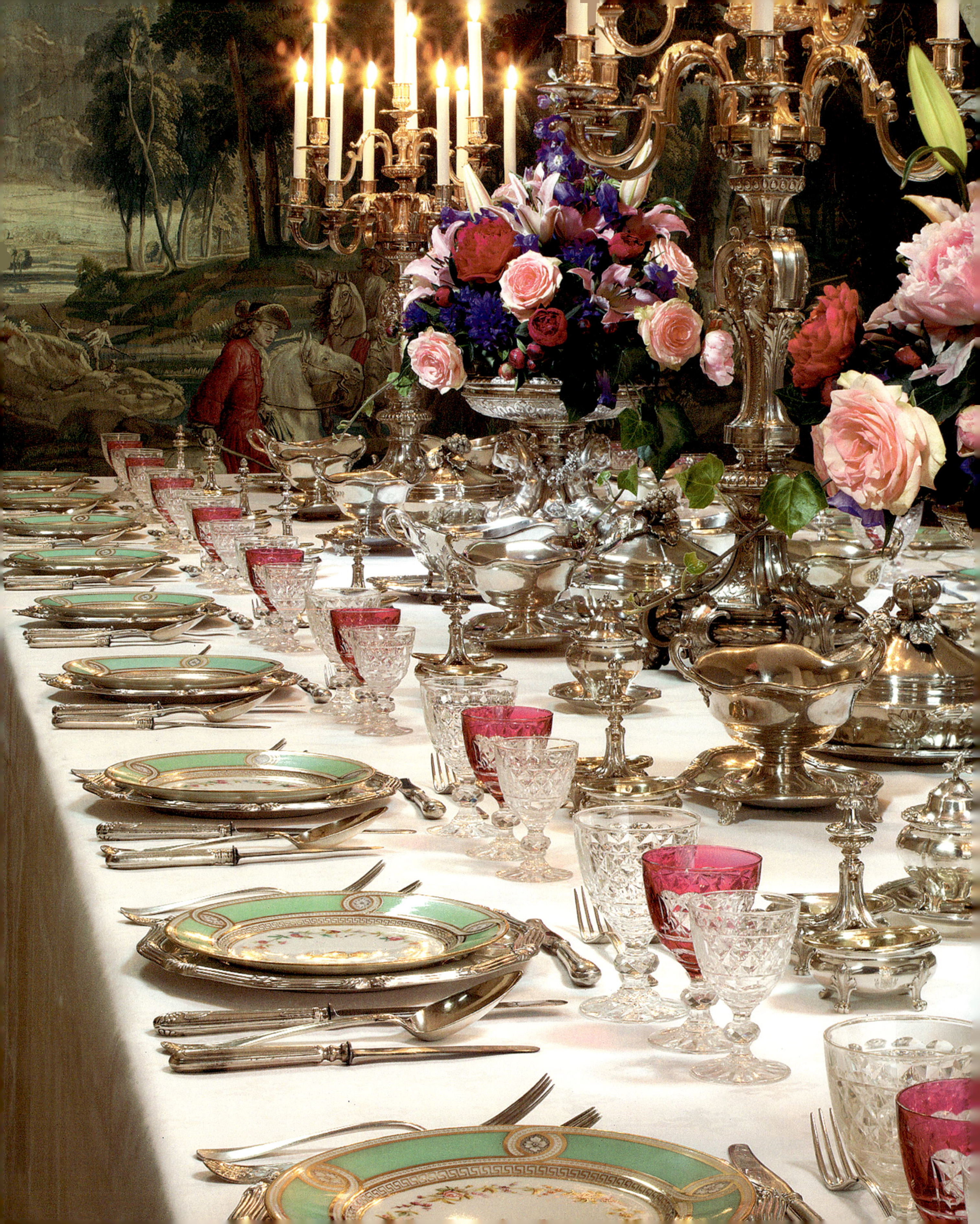

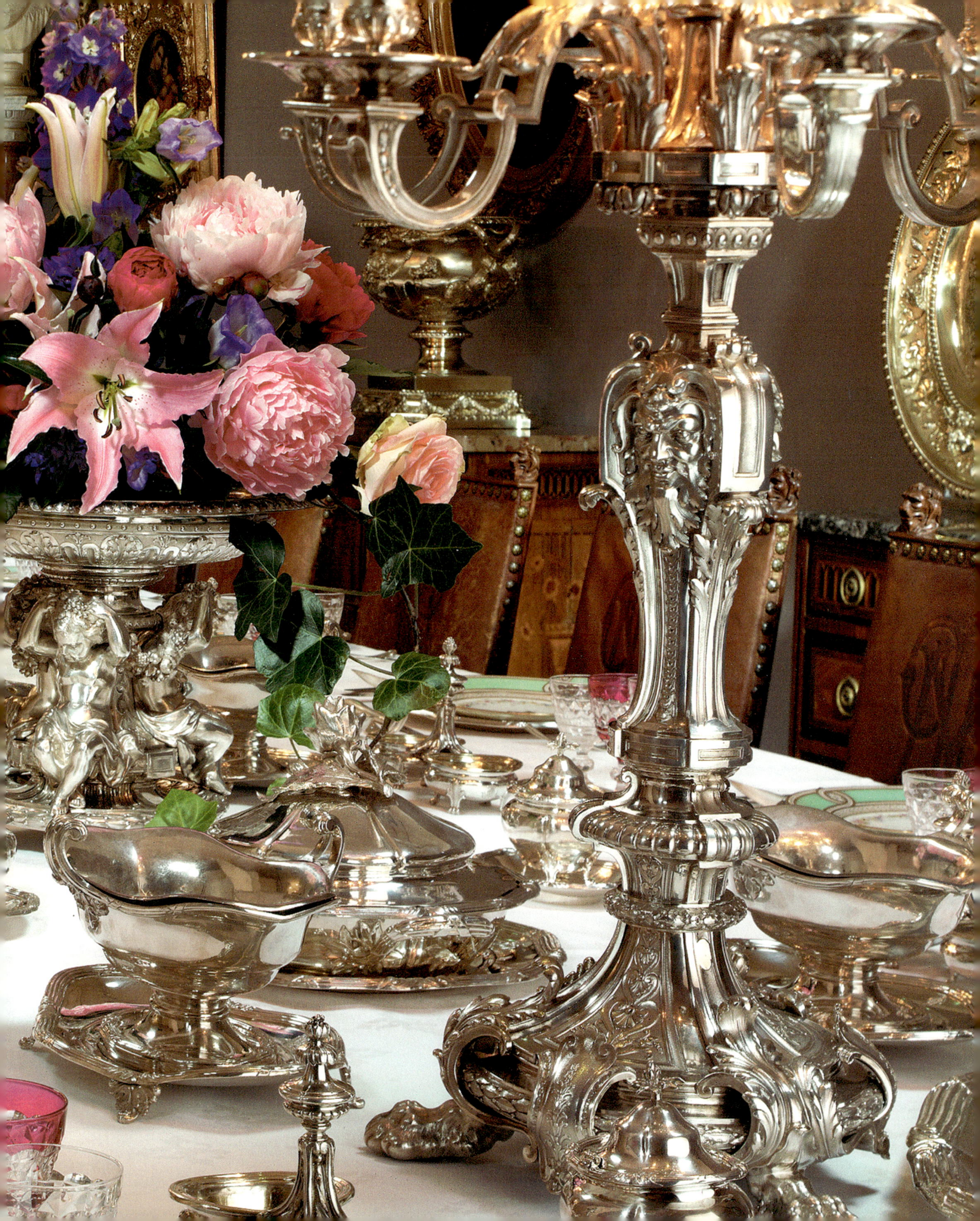

ARGENTERIE ET MOBILIER DE LA SALLE À MANGER.

Ci-dessus à gauche : deux des magnifiques candélabres en argent qui ornaient la table des hôtes d'Argenteuil.
Vraisemblablement créés vers 1880 par l'artisan français Jean-Baptiste Odiot,
ils provenaient aussi de la succession de Philippe, comte de Flandre.
Les coffres en bois destinés à leur conservation étaient soigneusement entreposés dans un coffre-fort du château.
Ci-dessus à droite : ces deux commodes Louis XVI, avec tablettes en marbre,
créées durant la seconde moitié du XIXe siècle, ornaient la grande salle à manger d'Argenteuil.
Page de droite : détails des tapisseries murales (*voir aussi pages 91 à 93*).

95

UN COIN DE LA SALLE D'ATTENTE DU BUREAU DU GRAND MAÎTRE DE LA MAISON DU ROI LÉOPOLD.
Lors de l'installation de l'ancien souverain à Argenteuil,
le comte Charles de Limbourg-Stirum exerçait les fonctions de Grand Maître de la Maison du Roi.
Par après, elles furent supprimées et la pièce devint une salle d'attente pour des visiteurs.
Les cadres représentant des chevaux attestent de ce qui fut, pendant longtemps,
un sport favori de la princesse Lilian, mais qu'elle ne pratiqua plus à Argenteuil.

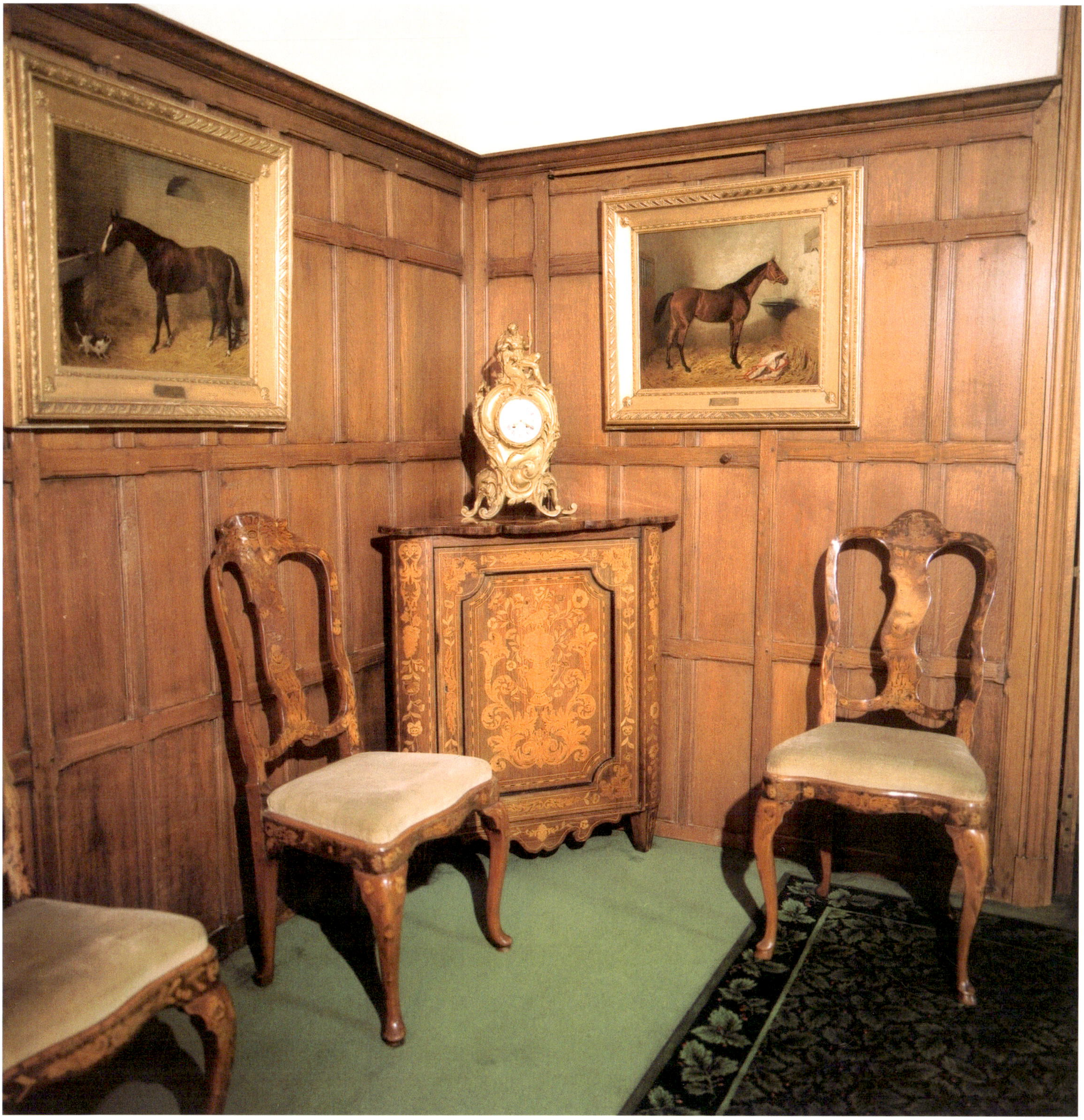

LA CHAMBRE D'HÔTE.
Située au rez-de-chaussée de l'aile ouest du château,
cette salle fut entièrement réaménagée en 1960 selon les vœux de la princesse Lilian.
Le tableau au-dessus de la cheminée la représente.
Plusieurs invités étrangers logèrent à Argenteuil,
parmi lesquels l'acteur français Jean Piat et le journaliste Marcel Jullian, récemment décédé.

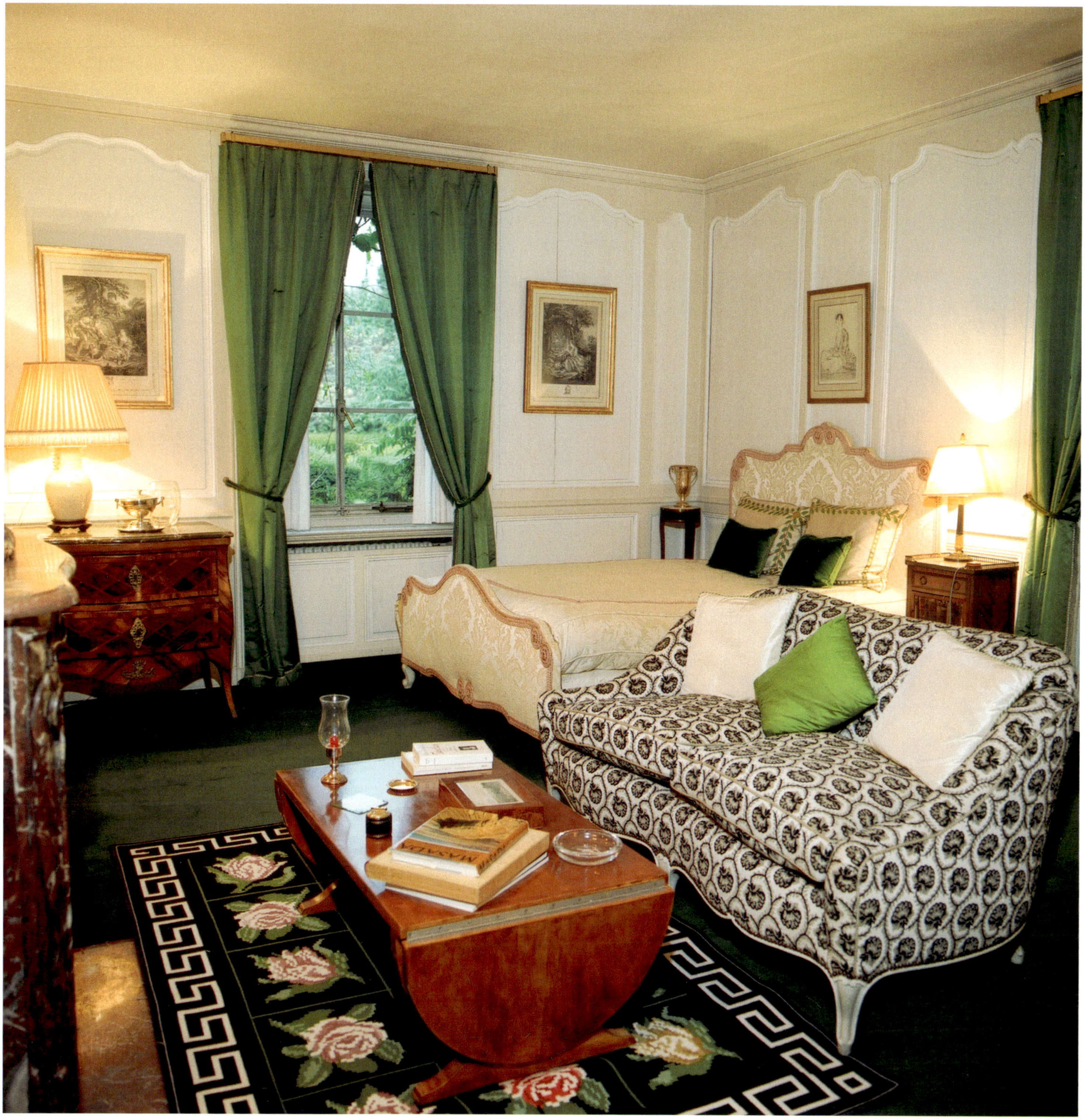

LA CHAMBRE VERTE.
Cette pièce donnant sur la façade nord fut aménagée au premier étage du château
pour servir davantage de salon que de chambre à coucher.
Les murs étaient ornés de petits tableaux de famille, dont plusieurs datant de la jeunesse de Léopold Ier.
On y avait aussi placé des livres précieux dans une bibliothèque basse
ornée de bibelots divers et de portraits familiaux encadrés.

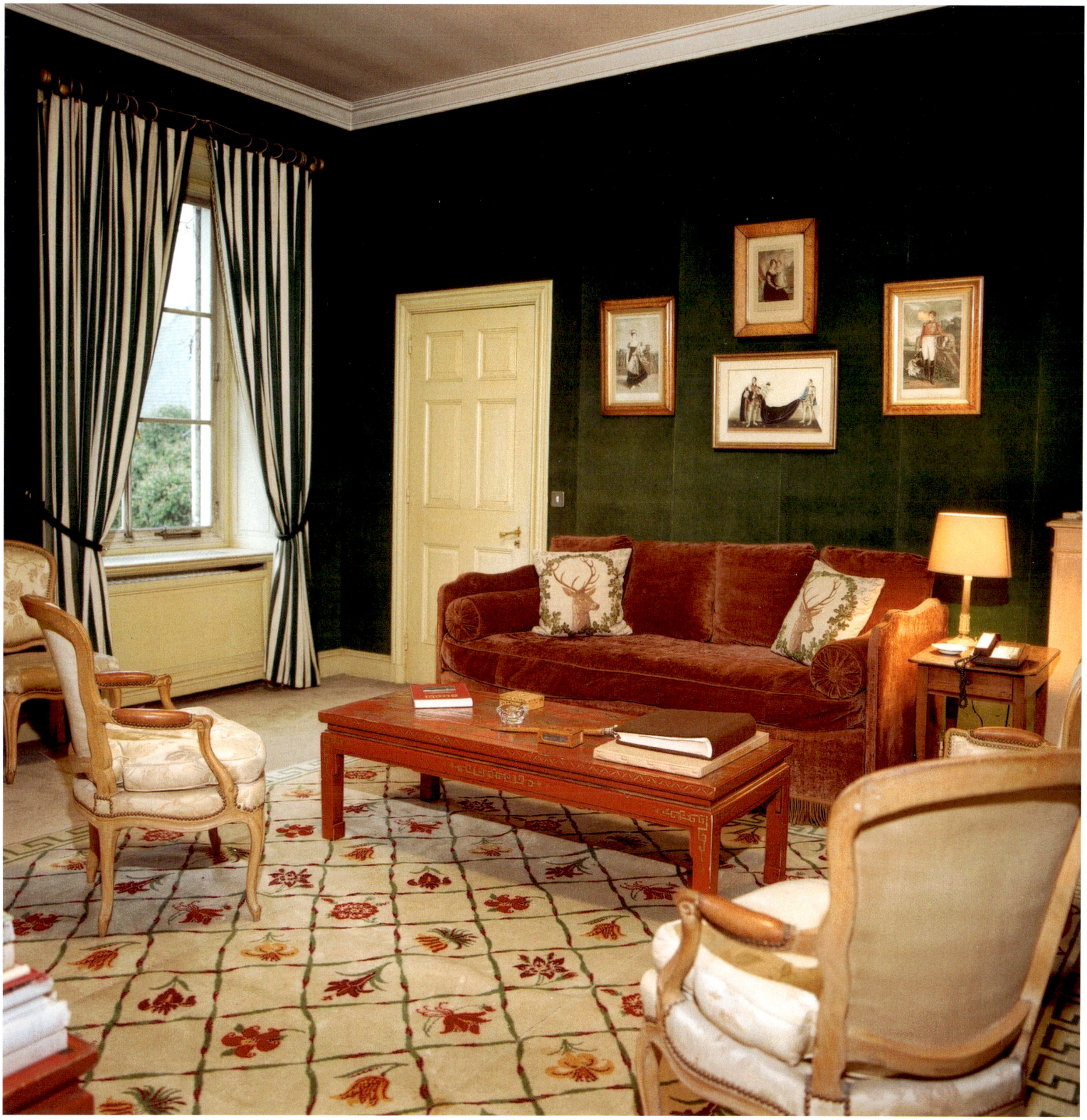

LE BUREAU PRIVÉ DE LA PRINCESSE LILIAN.
Au mur, un portrait du prince Léopold, futur duc de Brabant.
Sur la commode, divers cadres familiaux.

VERS LES DÉPENDANCES D'ARGENTEUIL.
Ce chemin qui franchit deux arcades
conduit d'abord aux dépendances et, de là, au parc.

VUE DES DÉPENDANCES.
Organisées autour d'une cour carrée — d'où le nom de « cloître » qui leur fut parfois donné —,
les dépendances abritaient les appartements du prince Alexandre,
les salles de jeu et de cours des princesses Marie-Christine et Esmeralda,
les bureaux et le secrétariat du domaine, les garages — les anciennes écuries — et des remises.
Entre une aile (à gauche), les murs couverts d'arbres en espaliers, servant de chambre d'accueil à des visiteurs,
et une autre (à droite) abritant des ateliers, il y a une percée : c'est la sortie vers le parc, du côté est du domaine.

LES DÉPENDANCES, VUES DU CÔTÉ DES BUREAUX.
On y accède par le vestibule visible à gauche, en forme de tunnel.
L'aile de gauche abritait une grande salle de réunion au rez-de-chaussée
et la salle d'étude des princesses (jadis salle de jeu) à l'étage, sous le toit.
L'aile de face servait aux secrétariats du roi (à gauche) et de son épouse (à droite),
ainsi que de la Fondation cardiologique.

LA SALLE DE JEU DES ENFANTS.
À l'étage, dans les dépendances, le temps des loisirs, avant celui des études.

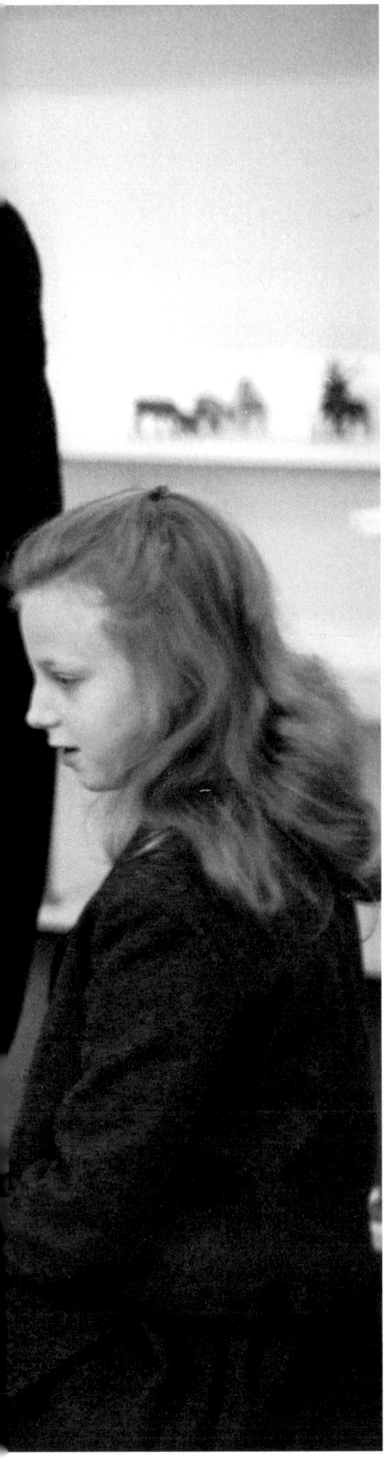
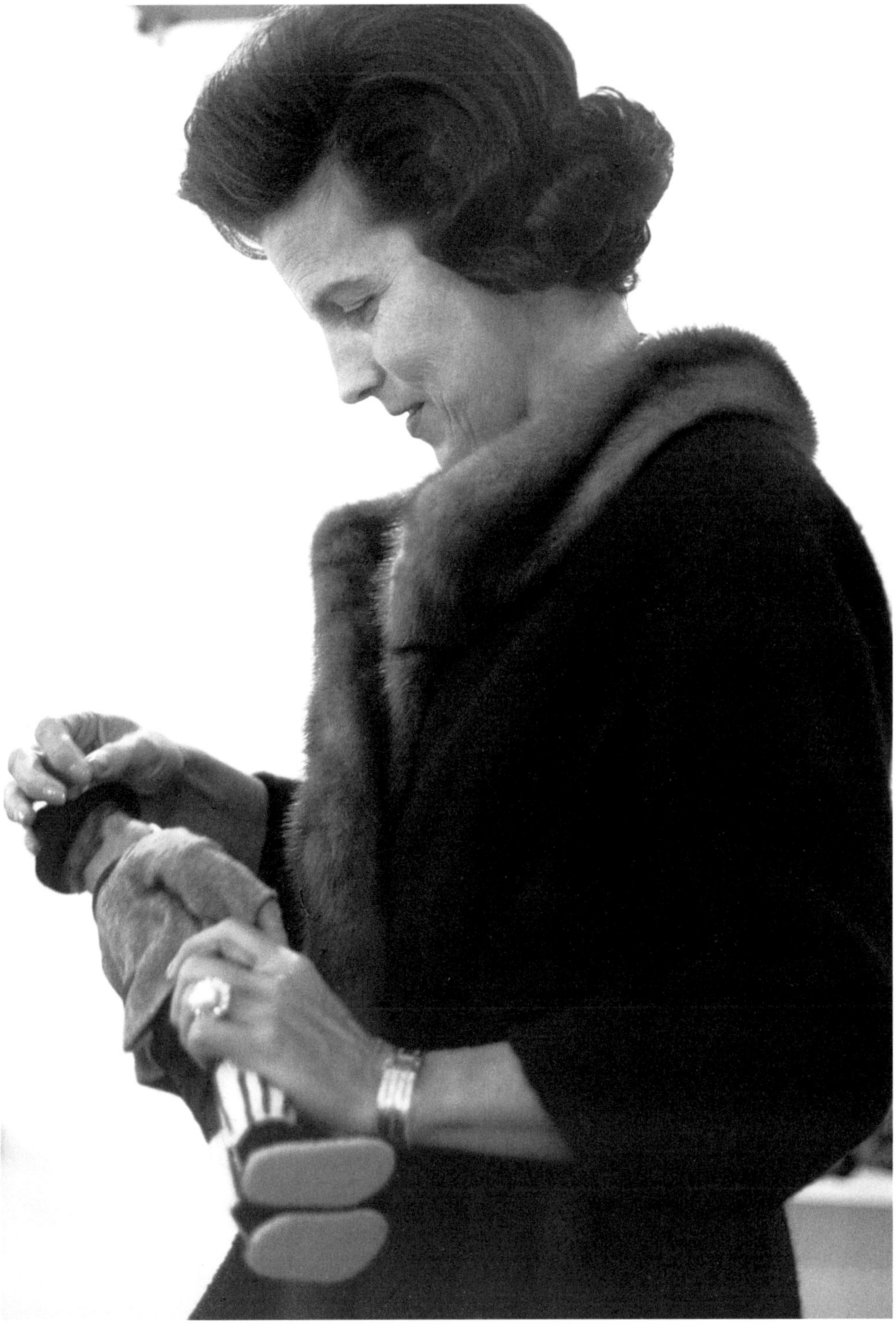

MÈRE ET FILLES : DANS LA SALLE DE JEU AVEC LA PRINCESSE MARIE-CHRISTINE...

... ET LA PRINCESSE ESMERALDA, PEU APRÈS L'INSTALLATION DE LA FAMILLE À ARGENTEUIL (1961).

COURS PARTICULIERS.
C'est à Argenteuil que la princesse Marie-Christine (*en haut et à droite*) suivit une partie
de son enseignement primaire et secondaire. Des cours particuliers lui y étaient donnés chaque jour.
Elle partit ensuite en pension à Bruges, puis en Haute-Savoie.
Le professeur Georges Gérardy fut le principal précepteur de la princesse Esmeralda (*ci-dessus*),
mais il y en eut d'autres, parmi lesquels le roi Léopold lui-même, qui lui enseigna les mathématiques et les sciences.

= 350 m

8 m

× 788 = 294000 a

ou 294 a

LES PRINCESSES ESMERADA ET MARIE-CHRISTINE AVEC LEUR MÈRE,
sur le chemin des dépendances, quelques années plus tard.

UNE AUTRE VUE DES DÉPENDANCES, SUR LE CHEMIN DE RETOUR AU CHÂTEAU.
Attenant à l'aile des dépendances abritant bureaux et salle de cours (*voir page 105*),
un long mur d'enceinte sert d'appui à une rangée d'arbres fruitiers en espaliers.

Côté cœur

Ultimes visions
d'un domaine désormais mythique

UN COUPLE UNI DANS UN CADRE ROYAL.
Photographiés au château du domaine d'Argenteuil,
le roi Léopold et la princesse Lilian regardent dans la même direction.
Ils ont partagé une même passion pour la protection de la nature,
lui jusqu'aux aux confins du monde, elle en son parc d'Argenteuil.
En témoigne la harde qu'ils y ont laissée,
ces cerfs, biches et faons que la princesse Lilian visitait chaque soir,
en ce lieu devenu mythique et même magique
qui conservera à jamais l'empreinte de ses châtelains.

FACE AU PARC, LA PRINCESSE LILIAN AVEC TABOR.
Il y eut à Argenteuil trois briards successifs. Tous trois provenaient d'un chenil de France et portèrent le même nom.
À droite : vue romantique du parc, prise de la terrasse proche de la petite bibliothèque.

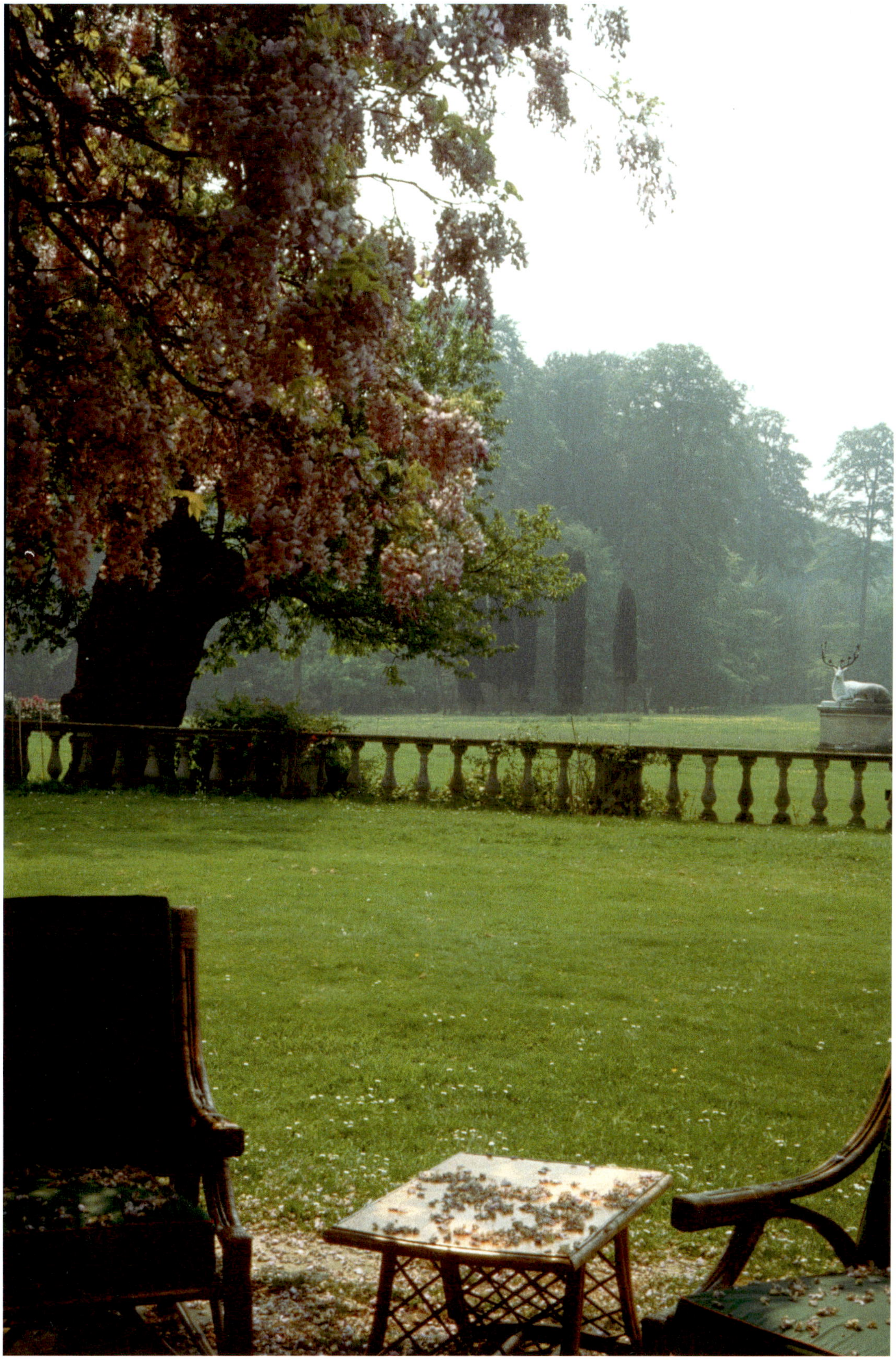

UNE HARDE DE CENT VINGT TÊTES À VINGT KILOMÈTRES DE BRUXELLES. CHAQUE JOUR, EN FIN D'APRÈS-MIDI…

LA PRINCESSE LILIAN SE RENDAIT DANS LE PARC D'ARGENTEUIL POUR Y NOURRIR CERFS, BICHES ET FAONS.

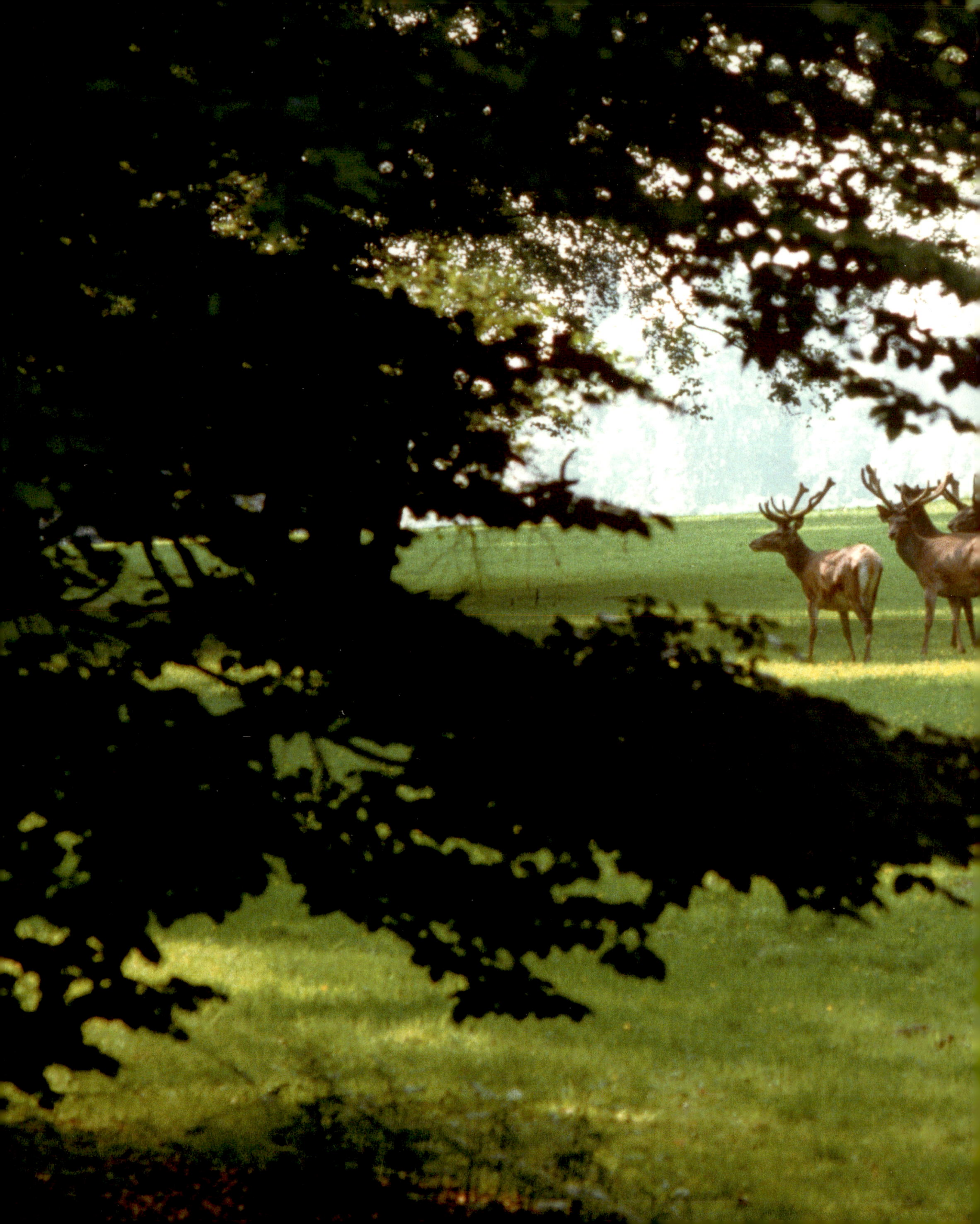

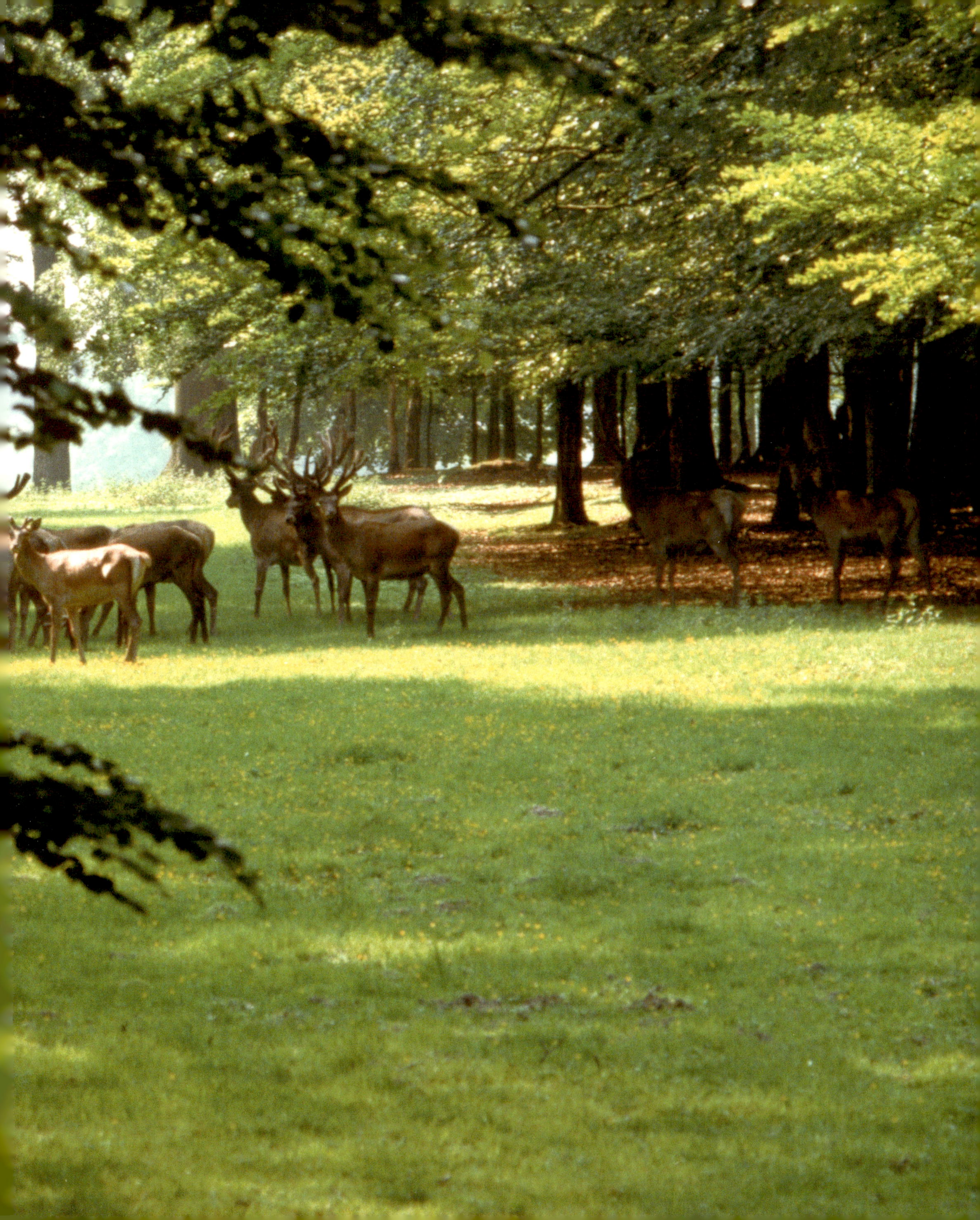

DUEL FRONTAL ENTRE DEUX JEUNES CERFS AU DÉBUT DE LA PÉRIODE DU RUT.
À l'arrière-plan, les deux cerfs en marbre de la balustrade située à l'arrière du château
paraissent bien plus pacifiques que les deux lutteurs de chair…

LA CHAPELLE « HENRI IV », ÉRIGÉE DANS LE SOUS-BOIS DU DOMAINE.
Cette chapelle romane, remontant au règne d'Henri IV, provient de la campagne française.
Démantelée en raison d'un aménagement routier, elle fut offerte au roi Léopold et à la princesse Lilian
par le comte Paul de Launoit pour être reconstituée au domaine d'Argenteuil en 1961.
Dans son testament, la princesse Lilian avait exprimé le souhait
d'être inhumée au pied de cette chapelle, mais son vœu ne fut pas exaucé.

LA FIN D'UNE HISTOIRE.
Un chapitre prestigieux de l'histoire du domaine d'Argenteuil
se clôt ici en même temps que se referme la grille d'entrée.

ACHEVÉ D'IMPRIMER
LE 27 NOVEMBRE 2004
DANS L'UNION EUROPÉENNE
POUR LE COMPTE DE
MICHEL DE GRAND RY,
ÉDITEUR,
ALICE ÉDITIONS, BRUXELLES.

BATIMENT

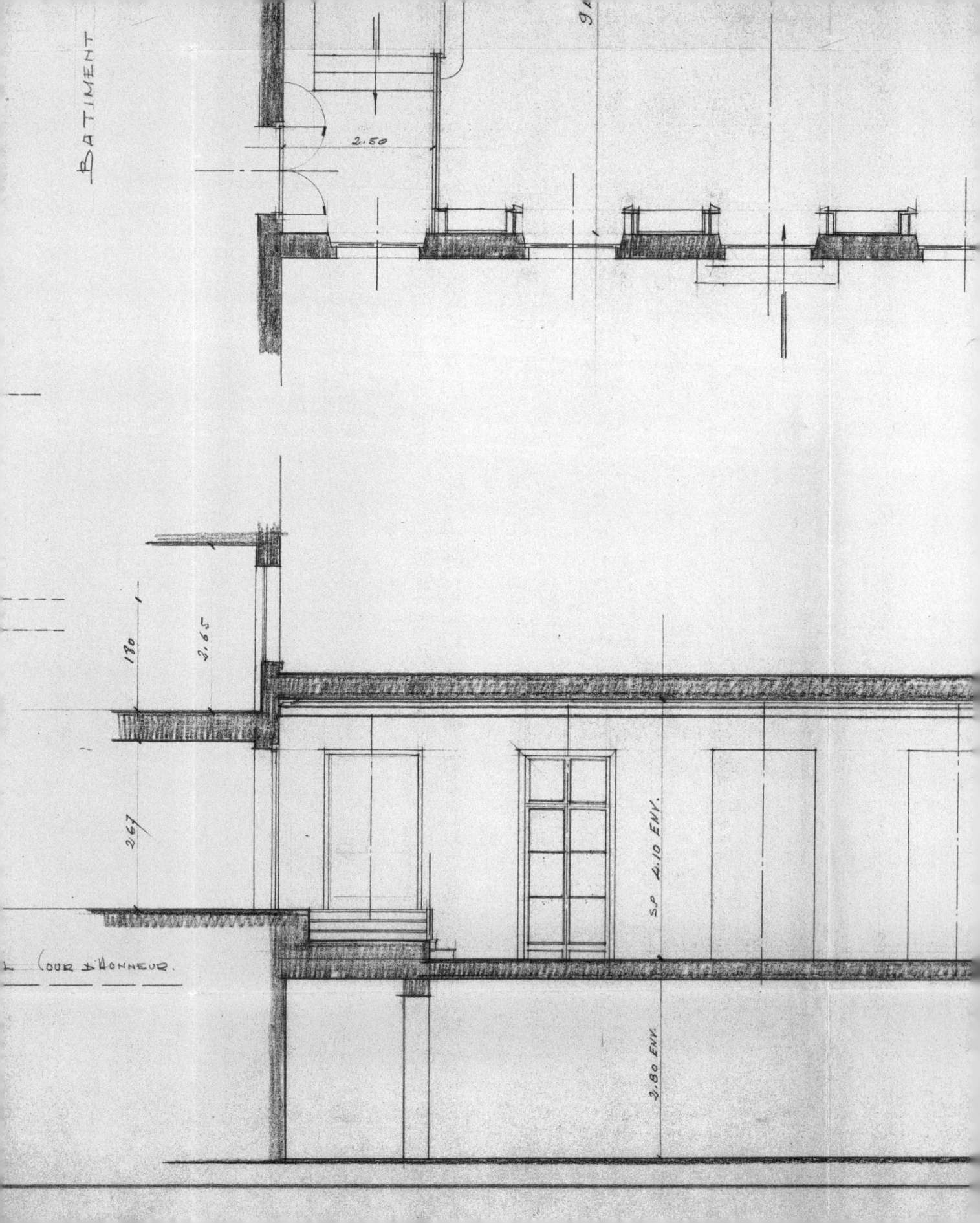

2.50

180
2.65

267

S/P 4.10 ENV.

COUR D'HONNEUR.

2.80 ENV.

DU S/SOL.

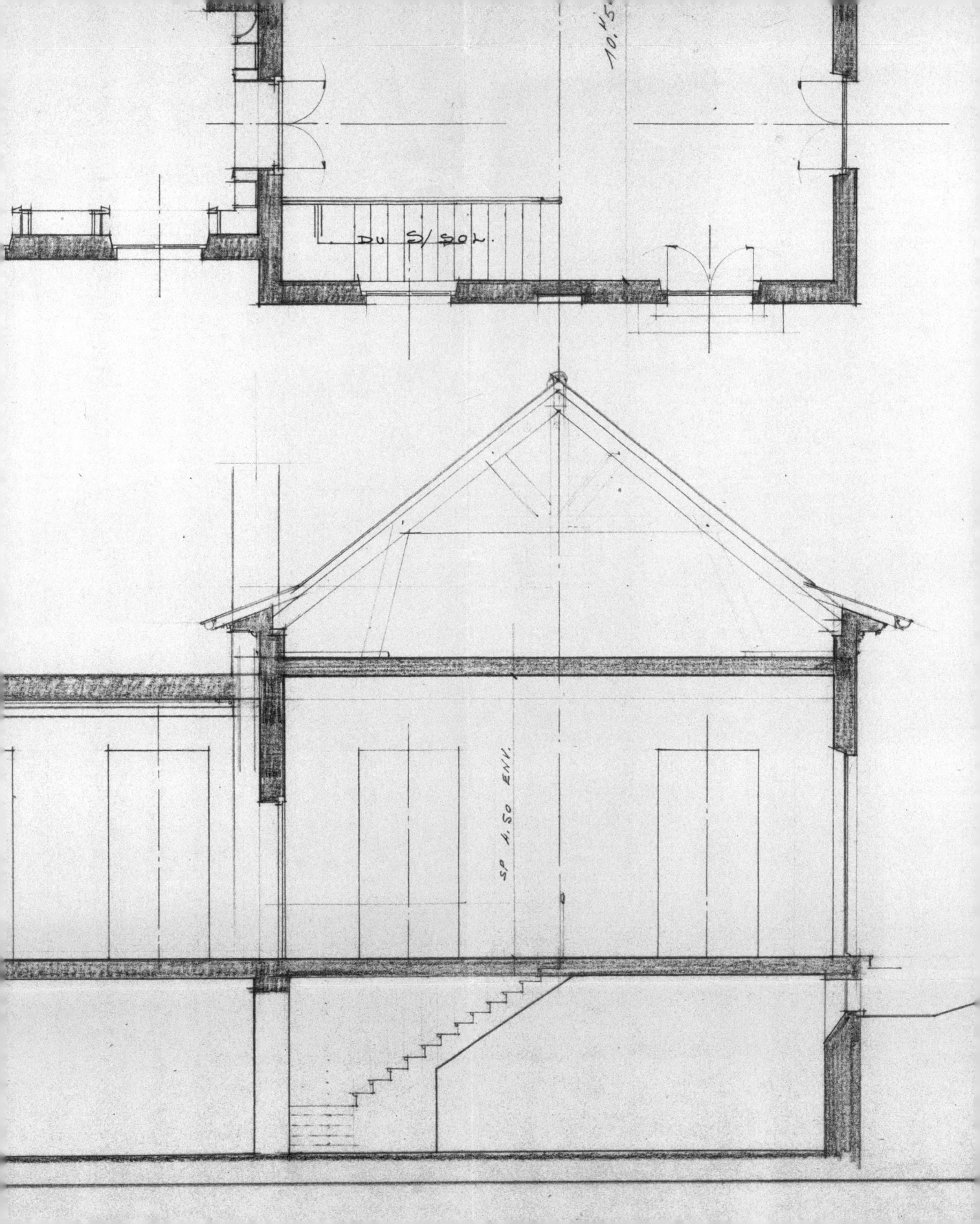

SP A.SO ENV.